Georg Heinrich Weigand

Entwurf einer geschichte der verfassung der kreishauptstadt Würzburg

von ihrer entstehung bis zum ende des sechzehnten jahrhunderts

Georg Heinrich Weigand

Entwurf einer geschichte der verfassung der kreishauptstadt Würzburg
von ihrer entstehung bis zum ende des sechzehnten jahrhunderts

ISBN/EAN: 9783743683167

Hergestellt in Europa, USA, Kanada, Australien, Japan

Cover: Foto ©ninafisch / pixelio.de

Weitere Bücher finden Sie auf **www.hansebooks.com**

Entwurf einer Geschichte

der

Verfassung der Kreishauptstadt Würzburg

von

ihrer Entstehung

bis zum Ende des sechzehnten Jahrhunderts

von

P. Wigand Weigand.

Herausgegeben von Dr. Anton Ruland.

Besonderer Abdruck

aus dem Archiv des historischen Vereins von Unterfranken und Aschaffenburg
XVII. Bd. 1. Heft.

Würzburg.

Druck von Friedrich Ernst Thein.

1864.

Vor dreißig Jahren ließ ich die Geschichte der fränki=
schen Cistercienser=Abtei Ebrach des alten ehrwürdigen
P. Wigand Weigand[1]) drucken. Damals erzählte mir
der 84jährige Greis, wie er am Schlusse der Zwanziger
Jahre einer hiesigen Buchhandlung den Entwurf einer
Geschichte der Verfassung der Stadt Wirzburg zum Drucke
übergeben habe, ohne daß selbe zum Drucke gelangt oder
je wieder in seine Hände zurück gekommen wäre. Und doch
war die Schrift nicht verloren. Ein glückliches Geschick
führte vor Jahren, nachdem Weigand schon lange gestorben
war, das Originalmanuscript in die Hände des Herrn
Dompropsts Dr. Reißmann, der kaum ersehen hatte, wie
lieb mir diese Reliquie, nach der ich Jahre lang vergebens
geforscht, sei, als er mir dasselbe mit wirklicher Herzlich=
keit alsbald zum Geschenke machte.

So bin ich nun im Stande, diese Arbeit in dem Archive
des historischen Vereines, an dessen Begründung und Er=
blühen der liebe Greis einst so lebhaften Antheil genommen

---

[1]) Landshut 1834, bei G. J. Manz.

hatte, zu veröffentlichen, was ich um so lieber thue, als ich hieburch Gelegenheit finde, das Andenken dieses eben so bedeutenden als bescheidenen Mannes der Abtei Ebrach zu erneuen.

Ebrach zählte in den letzten Jahrzehnten seines Bestehens bis zu seiner von Bayern ausgesprochenen und vollführten Säcularisation in seltener Weise gleichzeitig drei Männer, welche als Rechtsgelehrte und Archiv= wie Geschichtskenner sich in der Nähe wie in der Ferne große Achtung, ja gewissermaßen ein Ansehen erworben hatten. Es waren diese

Eugen Montag, geboren in Ebrach 1741 am 5. März, vergelübbet mit Ebrach 1760 am 16. November, der letzte Abt;

Wiganbus Weiganb, geboren in Bamberg 1749 am 13. Juli, vergelübdet mit Ebrach 1769 am 26. März; und

Ignaz Seidner, geboren in Wirzburg 1753 am 1. Juni, vergelübbet mit Ebrach 1772 am 28. Oktober.

Montag und Weigand wurden in Ebrach selbst als sich in ihrem Wissen und in ihrer Brauchbarkeit ebenbürtig betrachtet, wie es sich denn auch 1791 am 21. Februar bei der letzten Prälatenwahl nur um den älteren Montag und jüngeren Weigand¹) handelt, indessen Seidner, ein Liebling Montags²), erst später sich bemerklich machte.

---

¹) Daher schreibt Jäck in seinem Pantheon der Litteraten und Künstler Bambergs. Bamberg 1812, S. 1143 von Weigand: „Hatte Hoffnung Prälat zu werden".

²) P. Ignaz Seidner, Sohn des hochfürstlich Wirzburgischen Jagbsecretärs und Stabtraths Georg Heinrich Seidner, der letzte Kanzlei=

Weigand selbst war der Sohn eines hochfürstlich Bambergischen Hoffammerrathes. Das Taufbuch der Pfarrei St. Martin in Bamberg hat über ihn folgenden Eintrag:

„*Georgius Henricus Weigand* — natus et baptizatus 13. Julii 1749.
Pater: P. Georgius Weigand, Cam. Princip.
Mater: D. Theresia Rohrbach.
Lev. D. Georgius Henricus Dinzenhöfer, Consil. aulic. Sup. Recept. Condirector.

---

director Eugens, stand mit diesem seinem Abte auch nach der Säculari=
sation auf dem freundschaftlichsten Fuße. So schickte ihm noch der Abt
am 7. April 1807 die „Vita D. N. Jesu Christi ex verbis Evange-
liorum in ipsismet concinnata per Bartholomaeum Riccium. Romae
1607" mit der eigenhändigen Inschrift:

„Vitam dono, ut Vita hac vivas méque
viventem et mortuum commendatum habeas.
Eugen. Abb. Ebrae. ult."

Darunter schrieb Seidner, nachdem Montag gestorben:

„utique memoria tui in sacris mihi quotidie praesens est,
venerandissime Pater et fautor! qui die 5. Martii 1811
natalitio tuo in terris Coelis renatus es.
Ignat. Seidner Prof. Ebr."

Seidner, der unter der großherzoglichen Regierung wirklicher Landes=
archivar in Wirzburg geworden war, mußte noch den Schmerz erleben,
eine Weisung zu erhalten, kraft welcher alle Originalurkunden und
Documente seines trefflichen Archivs bis zum Jahre 1400 nach München
an das k. Reichsarchiv eingeschickt werden sollten. Nicht leicht hat ein
Mann einem solchen unarchivalischen Befehle entschiedeneren Protest ent=
gegengesetzt als der Archivar Seidner, der trotz seines Alters ein ungemein
feuriger Mann war, aber auch um so freier reden konnte, als er sich
im Besitze eines von dem Neffen seiner ausgestorbenen Familie ererbten
Vermögens von nahe an 200,000 fl. befand, welches er bei seinem am
25. April 1829 erfolgten Ableben zu milden Stiftungen bestimmte, nach=
dem er bereits im Leben der Wohlthäter der Armen, der Förderer aller
gemeinnützlichen Anstalten im Stillen gewesen war.

1*

Damals herrschte noch in den fränkischen Familien jene ernste, christliche und streng kirchliche Erziehung, die auch im Weigand'schen Hause in Blüthe stand. Seine eigentlichen Studien begann Weigand zu Bamberg in den Schulen der Jesuiten im Herbste 1760, in welchem er in die erste Classe — die sogenannte „Infima" — eintrat. Der Bamberger Gymnasial- und Universitäts-Matrikel giebt vollvollständig Aufschluß über Weigands Lehrer, sowie über seine Fortschritte, und lehrt zugleich, daß er selbst 1767/68 noch ein Jahr lang den theologischen Wissenschaften an der Universität Bamberg oblag, nachdem er als Baccalaureus der Philosophie am 7. September 1767 promovirt hatte. Eben dieser Matrikel, dessen Auszug ich wie den Taufschein der unermüdlichen Güte meines Freundes, des k. Studien-Rectors Herrn Dr. Gutenäcker in Bamberg, verdanke, lehrt, daß der nachherige Wirzburger Professor Burkhäuser, ein rühmlich bekannter Name, sein Lehrer in der Philosophie gewesen sei. Beide Auszüge mögen hier ihre Aufbewahrung finden:

Gymnasial-Matrikel.

1760/61. *Infimistae* sub M. Joanne Kauffmann S. J.:
  Weigand Georg Bamberg inter Primos. Certans ex Hist.

1761/62. *Secundani* sub M. Joanne Kauffmann S. J.:
  Weigand Georg Bamberg inter Primos. II Certans ex Argumento; Certans ex Hist.

1762/63. *Syntaxistae* sub M. Joanne Kauffmann S. J.:
  Weigand, Georgius, Bambergens. Inter Primos. Certans ex Canisio, Hist.

1763/64. *Humanistae* sub M. Joanne Kauffmann S. J.:
  Weigand Georgius Bamberg. inter Primos.

1764/65. *Rhetores* sub M. Joanne Kauffmann, Soc. JESV.
  Weigand Georgius, Bambergensis, inter Primos.

Universitäts-Matrikel.

Anno 1765 in 1766 et 1767.
Praefectus superiorum R. P. Carolus Busaeus
S. J. SS. Theol. Doctor et Professor Theol.
scholasticae prim.
Professor Logicae P. Nicolaus Burkhaeuser S.J.
Weigand Georgius Henric. Bamberg. Def.
Secundus in Phys. in Logica 3. prom. Mag.

1767/68. Professores Theologiae scholasticae:
R. P. Carolus Busaeus. SS. Th. Doctor. Praefectus Superiorum.
R. P. Ignatius Lechner, SS. Theol. Doctor.
R. P. Franciscus Neuff, SS. Th. Doctor. Prof. Th. Moralis.
R. P. Joannes Will. SS. Th. Doctor. Prof. S. Scripturae.

Unter den „DD. Auditores" (Theologiae) „I^{mi} anni" steht:
„D. Georgius Henricus Weigand, Bamb."

Damals war es nun herkömmlich, daß die ausgezeichnetesten Jünglinge oft aus den besten Familien in die fränkischen Prälaturen eintraten und sich dem Ordensleben widmeten. Die Familien selbst rechneten es sich zur Ehre, einen „Prälaturisten" unter die Familienmitglieder zu zählen. So trat nun auch Weigand im Beginne des Jahres 1768 als Novize in die Prälatur Ebrach ein, und erhielt von dem Prälaten Hieronymus Held wohl in Anspielung auf seinen Familiennamen den Klosternamen Wigand. Von diesem Abte giebt Weigand selbst die Schilderung: „In der Erhaltung der klösterlichen Zucht war er äußerst streng, aber in Beförderung der Wissenschaften war er mehr der Meinung des Armandus de Rance, als jener des Mabillon geneigt."¹) Mit andern Worten, Hieronymus Held war mehr ein Mann des Gebets und der Mortification als der Wissenschaft. Nichtsdestoweniger bestand der wirklich wissenschaftlich strebsame Weigand das harte Probejahr und legte am 26. März 1769 mit 3 Mitnovizen²) die ewigen Gelübde für Ebrach ab, und ward also Professus Ebracensis! Am 18. September 1773 (in Angaria crucis nach „Liber IX. ordinationum Pg. 34" des bischöflichen Ordinariats), noch zur Lebzeit des Abtes Hieronymus, erhielt Weigand von dem Weihbischofe Daniel Johann Anton von Gebsattel (Episcopus Sigensis) die Priesterweihe. Am 1. November — als am Allerheiligen-Tage — 1773 brachte er das erste heilige Opfer dar, welchen Tag sein Abt aber nicht mehr erlebte, indem er am 20. Oktober zur ewigen Ruhe eingegangen war. Sein Nachfolger Guilelm Roßhirt, zum Abt erwählt 1773 am 13. December war nun derjenige, der auf Weigands wissenschaftliche Richtung einen bleibenden Einfluß übte. Weigand bezeichnet ihn als „einen Mann vom besten Herzen, der seine Geistlichen wie Brüder behandelte". Er selbst erzählt von ihm: „Gleich nach dem Antritte der abteilichen Würde sorgte Roßhirt für den Nachwuchs tüchtiger und gelehrter Geistlichen, schickte daher verschiedene derselben auf die hohe Schule in Würzburg, um

---

¹) Weigand Ebrach. S. 100.

²) Diese waren: Erwin Behr, aus Kitzingen, geb. 1744 am 8. Oct., Franz Münich, aus Ebrach, geb. 1748 am 24. April, und Rivard Elling, aus Wirzburg, geb. 1748 am 14. Mai, den noch zur Zeit des bestehenden Klosters eigenthümliche Geschicke nach Asien führten, in welch' fremden Welttheile er als Seelsorger starb. Weigand bezeichnet ihn in seinen Aufschreibungen als „Parochus in Asia".

sich in den theologischen und juridischen Wissenschaften aus=
zubilden, welche in der Folge die Lehrstühle und andere
Aemter in Ebrach versahen, und von dem Abte in Ver=
breitung nützlicher Kenntnisse freigebig unterstützt wurden." ¹)
Auch Weigand gehörte in die Zahl der vom Abte nach Wirz=
burg zur Hochschule Geschickten. Und hier war es, wo er
sich an der Juristen=Facultät, die damals den Staatsrechts=
lehrer Sündermahler, den Pandectisten und Fränkischen Rechts=
lehrer Schneid, den Canonisten Endres u. s. w. zu ihren Mit=
gliedern zählte, zum ausgezeichneten Rechtsgelehrten bildete.
Nach Ebrach zurückgekehrt, wurde er nicht lange Zeit darauf
Lehrer — im Kloster führte ein solcher den Titel P. Pro=
fessor — der jungen Klostergeistlichen. Als er im Jahre
1780 den theologischen Curs mit seinen Schülern vollendet
hatte, wurden von ihm veröffentlicht:

POSITIONES THEOLOGICAE
juxta
SS. PATRUM DOCTRINAM
dispositae
quas
AUSPICE DEO
Praeside
R. P. WIGANDO WEIGAND
Sac. et exempti Ordinis Cisterc. In Monasterio Ebracensi Professo
ac SS. Theologiae Professore ordinario
PUBLICO TENTAMINI
subjiciunt
R. R. P. P.
Henricus Zöpfel, Philippus Femel,
Paulus Basel, Dionys. Feulner,
Aegidius Abel, Panthal. Müller,
ejusdem Ordinis et Stadii
Professi
DIE ? OCTOBR. ANNO MDCCLXXX.
Typis Joann. Georgii Klietsch, alm. Univ. Bamb. Typogr.

---

¹) Weigand Ebrach. S. 102.

Die Schrift, 38 Octavseiten stark, ist dem Abt Guilelm gewidmet. In der Dedication schreibt Weigand an den Abt: „Reverendissime Praesul! Theologico Cursui coronidem parantes, praesentem pagellam perillustri Nomini tuo inscribendam suscepimus, partim ut demisissimae devotionis argumentum, partim ut debitae gratitudinis, quae promotori est referenda, testimonium promeremus. Enimvero quam copiosa semina agro Theologico contulisti? *Bibliothecam ditasti*, Auditorium nostrum non semel visitasti? diligentibus proemia, segnioribus calcaria addidisti." Die Prolegomena behandeln die Lehre von der Ueberlieferung und zeugen von dem gründlichen theologischen Wissen Weigands. Hierauf folgen die 74 Theses: „Ex tractatu de Deo uno — de Deo Trino — de Deo creatore — de incarnatione — de legibus et fide — de gratia — de sacramentis". Es geht daraus hervor, daß Weigand als Professor der Theologie sich strenge an die damalige Tractaten=Eintheilung hielt. Angehängt sind „Positiones quaedam historico-criticae" 14 an der Zahl. Z. B. „1. Anthropomorphismus nonnisi rudes quosdam et simplices homunciones deceperat, non Melitonem, non Tertullianum, non Audium, non Epiphanium. 2. Particulam ὁμοούσιον ab Antiochenis Patribus proscriptam fuisse probari non potest, quinimo aptissima fuit ad explicandam Nicaenae fidei puritatem. 3. Aeque improbabilis est lapsus Liberii a multo jam tempore communi cantilena celebratus &c. &c. Weigand's Schüler machten ihm Ehre, ja einer derselben, P. Panthaleon Müller, Ebrach'scher Bibliothekar, der nach der Säcularisation an der Wirzburger Universitätsbibliothek bis zu seinen Tod als Gehilfe arbeitete, war ein Mann von seltener Gelehrsamkeit.

Vom Jahre 1783 bis 1788 versah Weigand das Priorat der Abtei in Achtung gebietender Weise. Mit der Wahl des Kanzleidirectors Eugenius Montag zum Abt änderte sich die Stellung Weigand's dahin, daß er des ersteren Nachfolger als Ebrach'scher Kanzleidirector wurde. Die Ebrach'sche Kanzlei war die höchste Justiz- und Administrativstelle der Kloster Ebrach'schen Unterthanen, und der Kanzleidirektor der höchste Justiz- und Administrativbeamte des ein Fürstenthum repräsentierenden Klosters. Auch diese Stelle versah Weigand mit Auszeichnung und einer seltenen Umsicht zumal die Leiden des Französischen Kriegs in seine Verwaltungsperiode fielen. Er schreibt [1]): „Im Jahre 1792 brach der Krieg gegen Frankreich aus, in welchem die Abtei nach überstandnen häufigen militärischen Durchzügen auch im Jahre 1796 selbst eingenommen und besetzt worden ist. Bei diesem Ueberfalle wurde zwar das Kloster **durch preußische Vermittlung** schonend behandelt". Er schreibt aber nicht, daß er es war, der damals zum preußischen Minister von Hardenberg persönlich reiste und mit ihm über den Schutz des Klosters verhandelte. Weigand's Mission war vollkommen gelungen, indem er den besten Eindruck auf Hardenberg zu erzielen wußte, was für den leicht erklärlich ist, der noch die ehrwürdige und doch so einnehmende Persönlichkeit Weigand's aus näherem Umgange kannte. Weigand's Umsicht verdankte der Convent, daß trotz des Einfalls, trotz der furchtbaren Contributionen, im Innern der Clausur nicht die mindeste Störung eintrat, und die Conventualen nicht einmal das Militär zu sehen bekamen.

Eine spätere diplomatische Mission Weigand's an den preußischen Hof, um den Schlag der Säcularisation abzu-

---

[1]) Weigand's Ebrach. S. 103.

halten, scheiterte in ihrem Erfolge an dem allgemeinen Grundsatze, daß nun einmal die Vernichtung der geistlichen Corporationen durchzuführen sei!

Weigand, wohl der schwierigen Stellung müde, erbat sich die Versetzung als Ebrach'scher Amtmann in Wirzburg und Mainstockheim, erhielt solche und bezog den Ebracher Hof dahier am 7. September 1799.

Hier traf ihn der Schlag der Säcularisation im Jahre 1803, den er bis zu seinen Tod nicht verschmerzen konnte, so ganz war Weigand ein Religiose [1]). Aus dem Ebracher Hofe vertrieben, auf eine verhältnißmässig geringe Pension angewiesen, bezog Weigand eine Privatwohnung, wo er seine Zeit zwischen religiöse Uebungen und ernste historische Studien theilte, und die volle Achtung der Bewohner Wirzburgs genoß. Mit dem letzten Wirzburger Domdechant Anselm Lothar von Gebsattel, dem nachherigen ersten Erzbischof von München-Freising, bekannt, genoß er bis zu seinen Tod dessen vollstes Vertrauen, wie er ihn denn auch zweimal bringend bat, als Domcapitular bei dem Metropolitan-Capitel München-Freising einzutreten. Allein Weigand war nie zu bewegen etwas anderes sein zu wollen als ein — Ebracher. Eben durch Gebsattel der Familie Knebel empfohlen, mit welcher die Familien Bechtolsheim und Kesselstadt verwandt waren, wurde er deren Archivar und Rechtsconsulent. Dieses Archiv, welches er dahier unter seinem Verschlusse hatte, versah er bis zu seinen Tod. Seinen Rechtskenntnissen und seinem unbestechlichen Rechtssinne

---

[1]) Seinem letzten Willen vom 4. Mai 1835 legte er lateinisch geschriebene Personalnotizen bei, welche enden: „Per injuriam Temporis ab anno 1803 in Exilio gemens sic finem felicem dante Deo expectat F. Wigandus Weigand Bamb."

wurde vielseitig unbedingtes Vertrauen geschenkt, und vielfach wurde er als Rechtsfreund um Erstattung von Rechtsgutachten angegangen, die er auch jeder Zeit, selbst noch im 86. Lebensjahre, erstattete. Ebenso war Weigand der Vertreter der säcularisirten Klosterherren in den mehrfachen Anständen, die sich im Betreff ihrer Pensionsbezüge und des Nachrückens in die Altersklassen anfänglich ergaben. Seine ausgezeichneten diplomatischen Kenntnisse verwerthete er durch Ertheilung von Unterricht an junge Männer, die dafür Interesse hatten. So war unter anderen der jetzige Herr Staatsrath Dr. v. Ringelmann in München einer seiner Schüler. Seine Geschicklichkeit in Ordnung der Archive ward vielfach in Anspruch genommen. Selbst die Stadt Würzburg gieng ihn bittlich an, ihr Archiv neu zu ordnen. Ungemein interessant ist die Entwicklung seiner Ansichten, die er der Stadt vorlegte. Die Ordnung des Archives selbst hatte er 1826 zum Abschlusse gebracht, wie aus dem Dankschreiben des Stadtmagistrats vom 12. September 1826 hervorgeht:

„Die Anzeige von der erfolgten Vollendung der Einrichtung des städtischen Archivs haben wir mit Vergnügen zur Kenntniß genommen, und fühlen uns hieburch auf's neue zum Danke für diese Anstrengung verpflichtet.

Indem wir diesem Danke anduch mit gleichem Vergnügen Ausdruck geben, und unter der Versicherung, daß bereits der Auftrag ertheilt sei, die dem Archive angehörigen Urkunden, so viel möglich zu sammeln und an dasselbe abzugeben [1]), den Wunsch

---

[1]) Weigand hatte nemlich bemerkt, daß der Magistrat die wichtigsten Urkunden der neuesten Zeit lediglich als gewöhnliche Registratur- nicht aber als Archivstücke behandle und aufbewahren lasse.

beifügen, es wolle der I. Magistrats-Sekretär Werner mit den etwaigen Vortheilen in Aufsuchung des etwa benöthigten Archiv-Inhalts nach seiner gegenwärtigen Einrichtung bekannt gemacht werden, ersuchen wir Dieselben (Hochwürden), die beigefügten fünfzig Goldgulden als Anerkenntniß Ihres der Stadt gewidmeten unverdrossenen Eifers von Seite der städtischen Behörden gefällig aufnehmen zu wollen, die wir mit der vollkommensten Hochachtung bestehen."

Auch das [neu instituirte bischöfliche Ordinariat gieng ihn um den Entwurf einer Ordnung seiner Archivalien an, den er auch vollendete.

Allein nicht blos seine historischen und archivalischen Kenntnisse, nicht blos seine Rechtsgelehrsamkeit waren es, die bezeichnend hervortraten, es war auch insbesondere sein entschieden kirchlicher Sinn, mit dem er jede kirchliche Frage aufmerksam verfolgte, und sie in das Bereich seiner Thätigkeit zog. Es ist nur zu beklagen, daß alle seine Arbeiten ungedruckt bleiben mußten, theils weil er ungemein bescheiden, theils weil die Zeit nicht angethan war, solche Stimmen für das Recht der Kirche damals zu hören. So war z. B. Weigand in der Frage über das landesherrliche Patronats-Recht der entschiedenste Gegner seines Mitschülers Joh. Phil. Gregel, dessen in seinem Werke ausgesprochenen Grundsätze [1]) er auf's Entschiedenste bekämpfte und verwarf.

Wie sehr Weigand als Theologe geschätzt war, dürfte wohl aus dem vollgültigen Zeugnisse Döllinger's hervorgehen, der ihm seine erste Schrift: Die Lehre von der

---

[1]) Das Landesherrliche Patronatrecht nach den veränderten Verhältnissen der bischöflichen Gerechtsame betrachtet. Würzb. u. Bamberg 1805.

Eucharistie in den drei ersten Jahrhunderten. Eine historisch-theologische Abhandlung, Mainz 1826 in 4°, mit den Worten widmete:

Seinem

verehrten Großoheim

dem hochwürdigen

P. Wigand Weigand,

Conventualen und Amtmann der ehemaligen Abtei zu Ebrach

weihet diese Schrift

Der Verfasser.

und diese Dedication mit einem Schreiben „Aschaffenburg den 8. April 1826" begleitete, in welchem er sagt:

Hochwürdiger Herr!

Hochverehrter Großoheim!

„Ich hoffe auf Ihre Verzeihung rechnen zu dürfen, daß ich es gewagt habe, diesen meinen ersten schriftstellerischen Versuch Ihnen zu widmen, und hiemit ein öffentliches Zeugniß abzulegen, wie sehr ich Sie verehre, und wie vielen und großen Dank ich Ihnen schuldig bin. Ich wünsche nur, daß die Schrift selbst nicht ganz unwürdig sein möge, Ihren Namen zu tragen, und glücklich würde ich mich schätzen, wenn Sie als gründlicher Kenner theologischer Materien ein günstiges Urtheil fällen würden. Wenigstens bin ich mir bewußt, überall selbst in den Quellen geforscht, mit eignen Augen gesehen, und nicht blindlings meinen Vorgängern nachgeschrieben zu haben."

Weigand's Urtheil sprach sich nun günstig für die Schrift aus, und der alte Herr, der von Ebrach aus noch wohl wußte, wie es sich gezieme, für Dedicationen eine Ehrengabe zu senden, schickte, mit Bezeugung seiner Zufriedenheit mit dem Buche, seinem Großneffen als Verfasser — eine

Anzahl Wirzburger Goldgulden. Gewiß so recht gemüthlich! So recht altfränkisch!

Merkwürdig aber bleibt Döllinger's Antwortschreiben vom 29. April 1826, weil es die Stellung andeutet, die Döllinger im Leben einzunehmen hoffte, eine Hoffnung, die so glänzend sich verwirklichte. Er schreibt:

„Daß Sie mit meiner Schrift, der Wahl des Gegenstandes, dem Styl, der aufgewandten Sorgfalt zufrieden sind, und derselben Ihren Beifall schenken, ist für mich äußerst ermunternd, auch von anderen Seiten her sind mir günstige Urtheile über diesen meinen ersten Versuch zugekommen; ich werde mich daher von jetzt an unablässig bestreben, meine theologischen Kenntnisse immer mehr zu erweitern, damit ich im Stande sei, künftig auch in anderen Schriften als Vertheidiger der Wahrheit und der guten Sache aufzutreten, denn, welchen erhabneren Beruf gibt es, als den, mündlich und schriftlich dazu beizutragen, daß die Wahrheit und Alleingültigkeit der katholischen Religion immer mehr erkannt, und besonders der Vorwurf der Veränderlichkeit im Glauben, der ihr von protestantischen Theologen so oft gemacht wird, abgewiesen werde! Daher habe ich auch Kirchengeschichte und Patristik als meine Hauptfächer gewählt, denen ich alle Zeit und alle meine Kräfte widme, damit ich auf diesem Felde einst etwas Gründliches zu leisten vermöge, um so mehr, da diese so wichtigen Fächer von katholischer Seite in neueren Zeiten, wie mir scheint, zu sehr vernachlässigt worden sind.

Für Ihr gütiges Geschenk, mit welchem Sie mich überrascht haben, statte ich Ihnen meinen verbind=

lichsten Dank ab, und werde es zur Anschaffung theologischer Werke verwenden."

Bereits 80 Jahre zählend, wurde Weigand zur Veröffentlichung mehrerer Arbeiten veranlaßt. Der damalige Subregens Dr. Benkert, ein Mann der durch seine literarische Strebsamkeit und Anregungsgabe unbestreitbare Verdienste besaß, veranlaßte ihn, den Aufsatz:

Bemerkungen über den Zustand der Polemik von der Mitte des vorigen Jahrhunderts bis auf unsere Zeiten

in der Zeitschrift „Athanasia" Band VII. Würzburg 1830, S. 59—77 abdrucken zu lassen.

Als 1830 der historische Verein für den Untermainkreis begründet ward, wurde Weigand eines seiner eifrigsten Mitglieder, so wie er auch dem Vereins-Ausschusse angehörte. Im Archive desselben findet sich von Weigand's Arbeiten veröffentlicht Band I. Heft 2, Würzburg 1832, S. 1—104:

Geschichte und Verfassung des Bisthums Würzburg von seiner Entstehung bis zur Reformation,

welche Arbeit Herr Domcapitular Dr. Müller redigirt hatte aus dem Ordinariats-Archive Zusätze bietend.

Im Bande I. Heft 3, Würzb. 1833, S. 64—78 und Band II. Heft 1, Würzb. 1834, S. 182—183 erschienen seine

Geschichtliche Nachrichten von den ehemaligen Frauenklöstern im Untermainkreise,

welche übrigens sehr kurz gefaßt erscheinen.

Allein Weigand hatte wirklich ungemein schätzbare historische Arbeiten gefertigt, von denen er voraussah — wie es leider auch theilweise wirklich geschah, daß sie mit seinem Tode zu Grunde gehen würden, je näher er die Zeit seines Hinganges glaubte ¹). Von allen diesen Arbeiten stand aber keine seinem Herzen näher als die Geschichte seines Stiftes Ebrach, das ihm so lieb wie das eigne Vaterhaus gewesen war. Diese Geschichte gab er mir zu lesen, und ich faßte den Gedanken, um dem alten Herrn, den ich ungemein verehrte, der mir aber auch mit besonderer Liebe zugethan war ²), eine besondere Freude zu bereiten, sie drucken zu lassen. Ich ersuchte ihn also mir die Abschriftnahme derselben zu gestatten, zugleich aber auch mir eine kurze Lebensbeschreibung beizufügen. Deshalb schrieb er am 6. Februar 1833: „Daß Eu. Hochwürden meiner ebrach'schen Geschichte Ihren vollen Beifall geschenket, und solche der außerordentlichen Mühe werth hielten, eine Abschrift davon zu nehmen, hat mich innigst erfreuet: dieselbe ist aus guten Quellen entnommen, und von mir aus Dankgefühle gegen diese edle Stiftung verfasset. Ich bin entschlossen, dieses MS. in dem hiesigen historischen Vereine zu hinterlegen,

---

¹) So schrieb er am 15. Juli 1832: „Hochgeehrtester Herr und Freund. Empfangen Eur Hochwürden für den mir geäußerten Glückwunsch zu meinem Geburts Tage meinen herzlichen Dank, welchen ich innigst gerühret durch die Erwägung erstatte, daß Dieselbe einem selbst von mir fast schon vergessenen Tage ihre Aufmerksamkeit schenkten und mir an diesem Ihre aufrichtige Freundschaft bewiesen: Ich bitte um eine gütige Fortsetzung derselben und gefällige Aufnahme der meinigen bis in Tod. — Dabey ist mein einziger Wunsch eine glückliche Vollendung meiner Lauf-Bahne, da ich immer schwächer und untauglicher werde, für die Ehre Gottes und das Heil der Nächsten zu wirken; und das Gute, was Eur Hochwürden an mir finden, hat nur seinen Grund in Dero wohlmeinenden und freundschaftlichen Gesinnung".

²) Mir bleibt unvergeßlich, mit welcher Freude der fast drei und achtzigjährige Greis mir bei meiner Primizfeier am Tage der Himmelfahrt Christi 1832 in der Hauger Kirche assistirte, er, dem ich als Kind in der Bürgerspitalkirche, nach damaliger Sitte, wo die Eltern eine wahre Freude hatten, ihre Kinder am Altare zu sehen, so oft gedient (ministriert) hatte!

hab' aber wenig Hoffnung, daß solches zu seiner Zeit im Drucke erscheinen werde. — In der Beilage finden Eur Hochwürden meine Lebensgeschichte, welche zwar sehr unbedeutend, aber nur lediglich Dero Wunsch zu erfüllen hier beigefüget ist".

Diese Lebensgeschichte bestand in den wenigen Zeilen:

BAMBERGAE
A PARENTIBUS CHRISTIANIS
Natus die 13. July 1749.
A SOCIIS JESU INFORMATUS,
AD GRADUM BACCALAUREATUS IN PHILOSOPHIA
PROMOTUS
die 7. Sept. 1767.
IN MONASTERIO EBRACENSI
Professus die 25. Martii
1769.
IN PRESBYTERUM ORDINATUS
die 18. Sept. 1773.
PROFESSORIS, PRIORIS ET CANCELLARIAE
DIRECTORIS OFFICIIS FUNCTUS
AD PRAEFECTURAM CURIAE EBRACENSIS
HERBIPOLIM TRANSLATUS.
Die 7. Sept. 1799.
PER INJURIAM TEMPORIS OMNIBUS BONIS SACRIS ET
PROFANIS EXUTUS AD STATUM MENDICANTIS PENSIONEM
REDIGITUR
1803.
NUNC ORDINANDIS VARIIS ARCHIVIS ET PROMOVENDAE
REI DIPLOMATICAE OPERAM NAVANS
FINEM FELICEM EXPECTAT
W. WEIGAND.

Als ich aber dem lieben Greise von Kitzingen aus eröffnete, daß nunmehr sein Ebrach im Drucke begriffen sei, war er hoch erfreut. Er schrieb am 10. Oktober 1833:

„Hochgeehrtester Herr und Freund! Meine Erkenntlichkeit gegen das freundschaftliche Benehmen Eur Hochwürden in der Besorgung des Drucks der ebrachischen Geschichte gestattet mir nicht, meine Danknehmung bis zu Dero Zurückkunft hieher zu verschieben: Ich bitte Eur Hochwürden meinen innigen Dank einsweilen zu genehmigen, bis ich das Vergnügen haben werde, solchen Denenselben persönlich versichern zu können".

Ja er war so erfreut, daß ich selbst die Bitte wagen durfte, sich für mich malen zu lassen, wie ich denn sein wohlgetroffenes Porträt in einem Oelgemälde besitze.

Am Vorabend seines 85. Geburtstags konnte ich ihm seine Schrift:

Geschichte
der
Fränkischen Cistercienser-Ablei
Ebrach
von
P. Wigand Weigand,
ehem. Kanzleidirektor u. Amtmann derselben.
Landshut, 1834.
Verlag der Krüll'schen Universitätsbuchhandlung.

gedruckt vorlegen. Seine Freude war groß, und wurde noch erhöht, daß sich die Critik dahin aussprach: es sei diese Geschichte ein Muster, wie Klostergeschichten geschrieben werden müßten.

Der Druck der Geschichte Ebrachs war indessen Weigand's letzte Freude. Allmählich machten sich die körperlichen Beschwerden des hohen Greisenalters fühlbarer, so daß Weigand selbst den Gang zur Bürgerspitalkirche, in der er seit der Säcularisation gewöhnlich dreimal in der Woche celebrirt hatte, zu weit fand und sich ein der Dominikanerkirche ganz nahe liegendes Haus zur Wohnung wählte um der Kirche näher zu sein. Dieses Haus war merkwürdiger

Weise der einst im Besitze des Fränkischen Historikers
Michael de Leone gewesene Hof zum kleinen Löwen
(II. Distr. Nr. 242), in welchem auch Weigand am 20. Mai
1837, Nachts 10 Uhr sanft und ruhig entschlief.

Weigand's letzter Wille, den er am 4. Mai 1835, wie
er schreibt: „nach reifer Ueberlegung und voller Gesundheit"
eigenhändig abfaßte, beginnt:

„Im Namen der allerheiligsten Dreifaltigkeit.
Nachdem die durch das Gelübde der Armuth gebun=
dene Ordens=Geistliche, nach ihrer Auflösung, von
der Kirche und dem Staate ermächtiget sind, über
ihre Habseeligkeit nach ihrem Tode zu verfügen, so
verordne Ich, der Unterzeichnete, über mein geringes
meistens durch Mühe und Arbeit errungenes Ver=
mögen, wie folget:

1. Soll der Trauer=Gottesdienst wie gewöhnlich
abgehalten und nach diesen fünf.Gulden unter die
Arme vertheilet werden,

2. zum Erben meiner Verlassenschaft, welche ich
immer als ein gemein=Gut deren Armen betrachtete,
benenne Ich das hiesige Huberts=Spital für arme
Dienst=Bothen ....

4. legire Ich in die Sakristai des Bürgerspitals,
worin ich viele Jahre die h. Messe gelesen, Acht
Karolin.

5. Vermache ich meinen lieben Anverwandten als
ein Andenken ꝛc. ꝛc."

So betrachtete denn der Mann, der als Jüngling frei=
willige Armuth gelobt hatte, sich verpflichtet, jede Erübrigung
den Armen zukommen zu lassen, was er aber auch selbst
im Leben gethan hatte. Im Uebrigen bestand das Vermögen
des Mannes, der von seiner Kanzlei aus einst ein Fürsten=

2*

thum regierte, laut der Verlassenschaftsrechnung in 2025 fl. Weigand war somit wirklich seinem Gelübde treu geblieben!

Was nun den literarischen Nachlaß Weigand's betrifft, so wurde derselbe von dem aufgestellten Willensvollstrecker, wie es scheint, unterschätzt und bis auf namhafte Fragmente, die der Schreiber dieser Zeilen sich ersteigern ließ, vernichtet!

Weigand hatte gründliche Arbeiten fertig. Aus älterer Zeit lag vor:

Die Unmittelbarkeit der Abtei Ebrach,

welche offenbar eine Concurrenzschrift mit dem in der Fränkischen Geschichte berühmt gewordenem Buche des nachmaligen Prälaten Eugenius Montag:

Frage: Ob der Abtei Ebrach in Franken das Prädikat Reichsunmittelbar rechtmäßig gebühre 2c. 2c. 1786. in Folio

zu sein scheint, das Ebrach zur Vertheidigung seiner Unmittelbarkeit in Folge eines besonderen Falles [1]) hatte fertigen lassen. Es liegt sehr nahe, daß Abt Guilelm beide ausgezeichnete Männer mit gleicher Aufgabe betraut hatte, und Montag's Arbeit den Vorzug erhielt.

Ferner hatte er ausgearbeitet:

Entwurf einer Uebersicht der Schriftkunde,

welcher eine sehr praktische Anleitung zur Diplomatik enthielt. Für Weigand selbst war es immer eine der angenehmsten Beschäftigungen bis in sein letztes Lebensjahr, das Alter der Codices zu bestimmen. Mit Vergnügen entwarf er dann die diplomatische Begründung seiner Altersbestimmung, und legte solche schriftlich dem Codex bei.

---

[1]) Weigand's Ebrach. S. 108.

Ein weiteres Werk war:

Entwurf einer Geschichte Frankenlands von seinen ersten bekannten Bewohnern bis zu dessen Einverleibung in den Staat des Fränkischen Reichs,

dem er sich mit besonderer Liebe unterzogen hatte! Ferner:

Versuch einer Geschichte des Steigerwaldes,

welches MS. von Nicolaus Haas in seiner Geschichte des Slavenlandes benutzt, und als ein sehr fleißig gearbeitetes und mit Urkunden wohl belegtes bezeichnet wurde. Diesem reihten sich an:

Bemerkungen zur Geschichte der Dynasten von Stollberg.

Sehr zu beklagen ist der Verlust der Schrift:

Die Landstände des Herzogthums Würzburg und deren Verfassung.

Niemand war mehr auf die Aufrechthaltung der landständischen Verfassung bedacht als eben das Kloster Ebrach, wie dieses aus der schönen Schrift Stumpf's „Kurze Geschichte der Landstände des jetzigen Großherzogthums Wirzburg. Bamberg 1808" ersichtlich ist. Jeden Falls würde Weigand manchfache Ergänzungen geboten haben! Die letzte historische Arbeit war:

Geschichte der Marienkapelle auf dem Markte,

welche er namentlich dem städtischen Archive entnommen hatte. Ueber sein

Landesherrliches Patronats-Recht des Herrn Joh. Phil. Gregel

haben wir schon oben gesprochen. Einer seiner Bearbeitungen setzte er bei: „travestirt von W. W.". Nicht minder interessant war seine Arbeit:

Ueber das Konkordat und das Königl. Bayerische Religions-Edict v. 26. Mai 1818,

so wie jene, überschrieben: Die Beschlüsse der Kammer der Deputirten zum Bayerischen Landtage in der 104. Sitzung die Errichtung einiger Klöster betr. mit Bemerkungen, den katholischen Gemeinden, Gemeindevorstehern und Landräthen gewidmet.

Diese Arbeiten, die sich vielleicht noch um viele hätten vermehren lassen, mögen Zeuge der Arbeitskraft und Arbeitslust des ehrwürdigen Mannes sein!

Anlangend nun die vorliegende Schrift, so konnten natürlich Weigand die neuesten Forschungen und Arbeiten über das Städtewesen nicht mehr bekannt sein; nichtsdestoweniger ist diese seine Arbeit abermals ein Muster, wie Schriften dieser Art abgefaßt werden müssen. Insoferne ist deren Veröffentlichung sicherlich keine verspätete Erscheinung, abgesehen von dem Werthe, den diese Arbeit als eine Reliquie des ehrwürdigen Mannes besitzt.

Wirzburg am 8. November 1863.

Dr. Anton Ruland,
k. Oberbibliothekar.

Vorrede.

Die Geschichte der Städte in dem Mittelalter ist durch die große Veränderung, welche dieselben in den früheren Zeiten erlitten haben, fast ganz in Vergessenheit gekommen. Nachdem aber bei vorkommenden Strittigkeiten über die städtischen Gerechtsame allerdings erforderlich sein möchte, die ältere Geschichte zu Rath zu ziehen, vorzüglich, wenn das Herkommen entscheiden soll; so ist allerdings eine Geschichte der städtischen Verfassung aus ächten Quellen unentbehrlich. Da nun der Magistrat der hiesigen Kreis- und Hauptstadt sein Archiv im Jahre 1825 ganz neu ordnen ließ, so bot sich eine schickliche Gelegenheit dar, eine Geschichte der älteren Verfassung dieser Stadt zu entwerfen, und in Erwägung, daß sich diese Gelegenheit nicht so leicht wieder ereignen würde, hat man für dienlich erachtet, wenigstens einen kurzen Entwurf einer solchen Geschichte an's Taglicht zu bringen, um die bereits veralteten Ereignisse der gänzlichen Vergessenheit zum Besten der Geschichte zu entrücken, und bei allenfalls erforderlicher weitläufigerer Ausführung die ersten Linien vorzuzeichnen.

Der erste Theil behandelt aus der Staatsgeschichte die Verfassung der freien Städte in Deutschland überhaupt, und von da geht der zweite Theil zu der besonderen Verfassung der Stadt Würzburg über von ihrer Entstehung bis zum Ende des 16. Jahrhunderts als dem Ziele ihrer gänzlichen Unterjochung unter die Landeshoheit.

Unsere vaterländischen Chroniken machen von der städtischen Freiheit gar keine Erwähnung, sondern räumen den Bischöfen für alle Zeit volle Gewalt über die Stadt ein, daher sie die von dieser unternommene Vertheidigung ihrer Freiheiten Empörungen nennen, und ihre den Bischöfen freiwillig oder vermittelst eines Vertrags geleisteten Dienste als Unterthans=Pflichten betrachten.

Ein jeder unbefangene Leser wird aus der hier folgenden Geschichte das Uebertriebene bald einsehen und manches Vorurtheil besiegen können.

W. W.

I. Capitel.
Von dem Ursprunge und der ältesten Verfassung der deutschen Städte überhaupt.

§. I.

In den ältesten Zeiten waren die Städte in Teutschland eine seltene Erscheinung. Nur in jenen Gegenden, in welche die Macht der Römer vordrang, wurden einige erbaut, aber meistens von den Hunnen und Wenden wieder zerstört [1].

Was dieser Zerstörung entging, oder in der Folge zu bedeutenden Ortschaften erwuchs, waren offene Flecken, welche in den Urkunden unter dem Namen Oppidum vorkommen; daher Civitas, Oppidum, regia Villa als gleichbedeutende Ausdrücke gebraucht wurden [2].

---

[1] Struv. Synt. J. p. C. XXI. §. II. III. Falkenstein. Antiquitates Nordgavienses. Frankf. u. Leipz. 1733. II. Th. XI. K.

[2] Heiber Lindau'sche Ausführung. Pg. 566.

Das übrige Deutschland war in Gaue getheilt, welchen die Grafen vorstunden, und zur Vertheibigung der Provinz wurden Burgen oder Kastelle errichtet, auf welchen der Herzog seinen Sitz hatte. Diese Kastelle entstunden erst, als Theodorich der Frankenkönig im Jahre 527 das Thüringerland, wovon unser Frankenland ein Theil war, eroberte und die Franken durch die mit den Römern geführten Kriege die Vortheile erkannten, welche diese Burgen zur Vertheibigung des Landes gewährten. Früher kannten die Deutschen keine Befestigung, sondern schützten sich gegen Anfälle durch tiefe Gräben und Verhaue in Waldungen [1]).

Das nun eroberte Thüringen behielt zwar seinen Namen und seine frühere Verfassung [2]); nur wurde der Heerbann eingeführt, und die königlichen Domänen durch die Missos regios verwaltet. Thüringen wurde in der Folge dem Sachsen- und das Frankenland dem fränkischen Staate einverleibt, in welchem Zeitraume von Städten und deren Verfassung keine Meldung mehr vorkommt [3]).

Nach dem Abgange des Karoling'schen Stammes wählten die Deutschen einen eigenen König in der Person Conrad's I., Herzogs in Franken, welcher von 912—918 regierte, und Heinrich I. von Sachsen zum Nachfolger hatte.

Dieser gab Deutschland eine neue Verfassung, um solches gegen die wüthenden Einfälle barbarischer Völker zu sichern. Nachdem er mit den Hunnen, welche die gefährlichsten Nachbarn Deutschlands waren, im Jahre 924 einen

---

[1]) Grupen Origines Germaniae. Lemgo. 1764. T. I. Observatio VII de vallo Romano in Germanico solo conflcto.
[2]) Marculf. Lib. I. Formul. 8.
[3]) Eckhart. Comment. de reb. Franc. Orient. T. I. Pag. 60.

neunjährigen Waffenstillstand zuwegen gebracht hatte, benutzte er diese Zeit, um sein Kriegsvolk zu ordnen, und das Reich überhaupt in ehrfurchtgebietenden Stand zu setzen. Er ließ die waffenfähige Mannschaft fleißig in Waffen üben, führte verschiedene Ritterspiele ein, und ließ Städte anlegen und solche mit Mauern befestigen und durch eine Besatzung von Kriegsleuten beschützen [1].

Nach dem zu Ende gelaufenen Stillstande brachen die Hunnen abermal in Deutschland ein, wurden aber mit großem Verluste zurückgewiesen; und da dieselben in der Folge ihre Anfälle wiederholten, wurden sie erst unter dem Kaiser Otto I. im Jahre 955 in einer Schlacht auf dem Lechfelde gänzlich besieget und für immer von dem deutschen Boden vertrieben [2].

Daß in diesem Zeitraume von 924 bis 955 viele Städte nach und nach entstanden, lieget in der Natur der Sache selbst, indem durch diese das Eigenthum gegen feindliche Anfälle gesichert und die erbauten Städte selbst von den Kaisern außerordentlich begünstigt wurden [3].

§. II.

Die damalige Art der Befestigung dieser Städte findet man in Grupen's Abhandlung von dem Ursprunge und den Alterthümern der Stadt Hannover [4] genau bezeichnet,

---

[1] Witichindi Annalium Lib. I. Pg. 634 in Heinrici Meibomii Rerum Germanicarum Tom. III. Helmaestadii. 1688. Fol.
[2] Witichind l. c. Pg. 645.
[3] Ditmari Chronic. Merseburg. in G. G. Leibnitii Scriptores Rerum Brunsvicensium. Tom. I. Hannov. 1707. Pg. 327.
[4] C. U. Grupen's Origines et antiquitates Hanoverenses &c. Göttingen. 1740. §. 51. 4°.

wo er die Befestigung der sächsischen Städte und vorzüglich der Stadt Hannover beschreibet. Mit dieser haben die noch vorhandenen Befestigungs=Ruinen unserer fränkischen Städte eine vollkommene Aehnlichkeit: die Stadt wurde mit einem tiefen Graben umgeben; an diesem eine feste Mauer mit Thürmen erbaut, um die Aussicht in die Ferne zu gewinnen; zwischen dieser Mauer und den anstoßenden Gebäuden wurde ein freier Platz ausgesteckt, welcher Zwinger hieß und zum Gange der aufgestellten Wächter offen gelassen wurde. In einer Urkunde von 1308 loc. cit. heißt es:
„Cum propter varia vitae rerumque pericula Munitio-
„nes Civitatis nostrae firmare et emendare conaremur,
„(Nos Consules) decrevimus per areas plurimorum
„Comburgensium nostrorum murum Civitatis contin-
„gentes viam juxta murorum ambitum propter Vigilias
„aperiri."

Nebst diesen wurde auch die zur Stadt gehörige Markung mit einem Graben umzäunet und daran einige Thürme für die Wache erbauet, um den anrückenden Feind von da der Stadt verkünden zu können: dieser Distrikt wurde *Banleuca* oder Landwehr genannt, und gehörte zu dem Weichbilde der Stadt¹).

Diese Anstalten und die Befestigungen wurden auf Kosten der gemeinen Stadt errichtet, und hiezu die städtischen Gemeindegüter verwendet, oder mit den anstoßenden Güterbesitzern über Güterabtretungen Verträge geschlossen²).

Die Wachen wurden anfänglich von den Landsoldaten der Provinz versehen, von welchen der neunte Mann zur

---

¹) Grupen l. c. S. 172.
²) Struben Nebenstunden. IX. Abtheilung. S. 5. Grupen l. c. S. 51.

Besatzung in die Stadt verlegt wurde, nach der Anordnung des K. Heinrich I., wie uns Witikind in seinen Annalen B. 1 erzählet. In der Folge aber waren diese Wächter Bürger, welche hiezu besonders vereidet wurden [1]. Ein jeder Bürger war zur Vertheidigung der Stadt verbunden. Die Stadt aber war in gewisse Distrikte vertheilet, deren jedem ein Capitaneus oder Gassen=Hauptmann vorstund, vor welchem die Bürger mit ihren Waffen nach geschehenem Aufrufe zu erscheinen hatten.

§. III.

Nachdem nun die Städte hiedurch zu Waffenplätzen wurden, die zur Reichs= und Landes=Sicherheit angelegt waren, war es allerdings erforderlich, denselben auch eine zweckmäßige Verfassung zu geben. Kaiser Heinrich I. legte schon den Grund hiezu, welchen die folgenden Kaiser mehr beförderten. Nebst den zur Besatzung aufgestellten Kriegsleuten, welche meistens aus Freien bestanden, mußten auch nach der Anordnung des Kaisers Heinrich I. die Kaufleute mit ihren Niederlagen sich in den Städten niederlassen [2], denen nun auch nach und nach die Handwerker mit ihren Innungen folgten, und also entstanden vier Klassen der Bürger, nemlich: 1)· die Freien *(Milites)*; 2) die Güterbesitzer mit ihrer Genossenschaft; 3) die Kaufleute, und 4) die Handwerker.

Die auf freiem Reichsboden erbauten Städte standen unmittelbar unter dem Kaiser, welcher dieselben durch die von ihm aufgestellten Reichsvögte, Burggrafen oder Stadt-Präfecten verwalten ließ. Diese hatten den hohen Bann

---

[1] Grupen l. c. S. 275.
[2] Witichindi Annal. Lib. II.

auf dem Stadtbezirke im Namen des Kaisers zu handhaben, und die Kriegs= oder Vertheidigungsanstalten zu ordnen ¹).

Die niedere Gerichtsbarkeit, die Polizei und die Verwaltung des Stadtvermögens wurde von den von der Bürgerschaft gewählten Rathsgliedern versehen. Für die Gerichtsbarkeit wurden aus dem Rathe einige zu Schöffen bestimmt, welche unter dem Vorsitze eines Schultheißen das Urtheil sprachen; die übrigen Geschäfte aber wurden von dem Rathe unter dem Vorstande eines Bürgermeisters besorget ²).

Es scheinet, daß der Rath aus Güterbesitzern und freien Kriegsleuten damals bestanden sei ³).

Den Handwerkern gestattete der Rath Zünfte oder Zusammenkünfte zu halten, worin die von ihrem Handwerke handelnden Gegenstände geordnet und entschieden wurden ⁴).
Auch den Kaufleuten sollen solche geschlossene Zusammenkünfte zugegeben worden sein ⁵).

Uebrigens war die Stadtregierung in der Hand des Stadtraths, zu deren Bestreitung ihm verschiedene Gerechtsamen, Freiheiten und Gewalten theils durch kaiserliche Begünstigungen, theils durch Herkommen gesichert worden sind, als:

---

¹) Struv. Synt. J. p. Pag. 791. Grupen Orig. et Ant. Hanov. Pag. 201. Lindau'sche Ausführung. Pag. 572.

²) Ausführung der Stadt Ulm bei Pistorii Amoenit. J. p. Abschnitt V. in fine. Ausführung der Stadt Lindau Pag. 580. Historia Norimberg. diplom. Nürnberg. 1738. Fol. Pag. 132. Grupen Orig. et ant. Hanov. Pag. 142.

³) Grupen. Disceptationes forenses &c. &c. Lipsiae 1737. 4. Pag. 730.

⁴) Lindau'sche Ausführung. Pag. 90.

⁵) J. Möser. Osnabrückische Geschichte. II. Th. S. 137.

1. Das **Jus defensionis** oder das Recht, die Stadtbefestigung zu unterhalten, zu verbessern und für die Sicherheit der Stadt von außen zu sorgen. Der Rath ernannte die Capitaneos, die Wachtmeister und bestellte die Wachen in den Thürmen der Stadt und auf der Landwehre, und unterhielt die Waffen= und Vorrathshäuser [1]).

2. Das **Jus foederis** oder das Recht, mit anderen Städten und Ständen des Reiches Bündnisse zu schließen, welches vorzüglich in dem 12. und 13. Jahrhunderte, wo die Städte die höchste Stufe ihres Wohlstandes erreicht hatten, häufig in Uebung war [2]).

3. Das **Jus Politiae et condendi Statuta** oder das Recht, Gebote und Verbote zu erlassen und durch verhängte Strafen in Vollzug zu bringen.

Eine jede Stadt hatte ihr auf Herkommen und alte Gebräuche gegründetes Weichbilds=Recht, welches gesammelt und mit Einstimmung der ganzen Bürgerschaft als allgemeine Norm und als Grundgesetz anerkannt und angenommen wurde. Ein Beispiel hievon findet sich für die Stadt Lindau, wo es heißet: „Wir Burgermeister, Amman, die Räthe „neu und alt, die Zunftmeister, und gemeinniglich alle „Burger arm und reich der Stadt Lindau sind zu Rath „geworden, daß ꝛc." [3]).

Die Polizei=Gebote wurden durch die Stadthauptleute verkündet, und den eintretenden Umständen angemessen verändert [4]).

---

[1]) Grupen Ant. Hanov. Pag. 174.
[2]) Ebenda Pag. 144. Hist. dipl. Norimb. Pag. 129. 318.
[3]) Heider Lindau'sche Ausf. Pag. 82 und 631.
[4]) Grupen l. c. Pag. 162 und dessen Disc. for. Pag. 744.

4. Das **Jus conducendi** oder das Recht, den Reisenden Geleit oder Sicherheit zu verschaffen. Dieses Geleits=Recht war in älteren Zeiten wegen der vielen Befehdungen von großer Wichtigkeit und zur Unterhaltung des Handels äußerst nothwendig ¹).

5. Das **Jus liberae administrationis** oder das Recht der freien Verwaltung des Gemeinde=Vermögens, womit
 a) die freie Besetzung aller untergeordneten Aemter, und
 b) die Anlegung mit Steuer und Abgabe zur Bestreitung der allgemeinen Bedürfnisse

verbunden war ²).

Diese Abgaben bestanden meistens in einer Steuer, womit der an den Kaiser in Recognitionem Dominii jährlich zu entrichtende Königszins bestritten wurde, in dem Zoll, in einem Accise und in einem Umgelde nach Maßgabe der von den Städten hierüber getroffenen Uebereinkunft oder des bestehenden Herkommens, welche zur Unterhaltung der öffentlichen Gebäude, Straßen, Brücken, Brunnen u. dgl. verwendet wurden ³).

6. **Jus Civitatis concedendi** oder das Bürgerrecht zu ertheilen, und die Bürger dessen verlustig zu erklären ⁴).

---

¹) Hist. Norimb. dipl. Pag. 230.
²) Grupen Ant. Hanov. Pag. 143.
³) L. c. Pag. 166.
⁴) Hist. Norimberg. dipl. Pag. 231.

II. Capitel.
Verfall der städtischen Verfassung durch die emporgekommene Landeshoheit.

§ I.

Das große weitschichtige Gebäude der Landeshoheit konnte nur nach und nach seine Ausbildung erhalten: diese beschreibet ganz richtig der alte Staatsrechts-Lehrer Struve de Allod. Imp. C. 4 § 12 mit folgenden Worten: „Quodsi „Superioritatis Originem consideremus, iste à Conradi I. „temporibus sensim coepit, crescente sub Henricis sta-„tuum potentia magis invaluit, durante vero Interregno „magno, dum nullus adesset Imperator legitimus, veriora „coepit incrementa, per Bellum tricennale exercita, et „per Pacem Westphal. confirmata".

Was nun die Geschichte von dem Ursprunge der Landeshoheit der geistlichen Fürsten darbietet, wird hier in Kürze erwähnet werden.

Unter der Regierung des Karolingischen Stammes waren die Stiftungsgüter aller Bisthümer und ihre darauf wohnenden Leute unmittelbar unter dem königlichen Schutz, waren von dem Grafenzwange und anderen weltlichen Gerichten befreiet. Die Bischöfe hatten ganz freie Verwaltung ihrer Kirchengüter, und ließen die darauf habende Eigenthums-Gerichtsbarkeit durch ihre Vögte versehen. Und sohin hatten die Bischöfe eine von weltlicher Gewalt befreite Eigenherrschaft über ihre Stiftungsgüter [1].

Unter den sächsischen Kaisern aber erhielt der bisherige Stand der deutschen Bisthümer eine vortheilhaftere Wendung.

---

[1] Grupen von der Advocatia in Ant. Han. Pag. 205.

Die alte Gauverfassung fing nun an gänzlich zu verfallen, die reichen Grafen verbanden mit ihren Allodien verschiedene Reichsgüter ihres ehemaligen Grafenamtes und fuhren fort auf diesen den Bannum regium oder die hohe Gerichtsbarkeit auszuüben. Die deutschen Bischöfe, deren Stiftungsgüter sich bisher ungemein vermehret hatten, suchten nun auch auf ihren Immunitäts-Bezirken diese hohe Gerichtsbarkeit einzuführen, wobei dieselben von den Kaisern besonders dadurch begünstigt wurden, daß sie von diesen verschiedene Regalien und fiskalische Einkünfte schankungsweise erhielten und Einige sogar den Bannum regium ihren Vögten zu wegen zu bringen wußten [1]).

Vorzüglich bestrebten sich die Bischöfe die Reichsvogteien über die Städte an sich zu bringen [2]).

Am Ende des 11. Jahrhunderts hatten schon die Bischöfe eine wahre Landeshoheit errungen, eine Macht und ein Ansehen erhalten, welches jenem der weltlichen Reichsstände das Gleichgewicht hielt. Dieses bestätiget der Papst Pascal II. in seinem Schreiben an K. Heinrich V. vom Jahre 1110, wo er sagt: „In vestri Regni partibus Episcopi adeo „curis saecularibus occupantur. ut Comitatum assidue „frequentare et militiam exercere cogantur... Ministri „vero altaris Ministri curiae facti sunt, quia Civitates, „Ducatus, Marchionatus, Monetas, Turres etc. ad regni „servitium pertinentia à Regibus acceperunt". [3])

---

[1]) Grupen l. c. Pag. 216. — Heider Lincau'sche Ausführung. Pag. 587.

[2]) Chr. Lehmann speyerische Chronik. Frankf. 1698. Fol. L. III. C. IV.

[3]) **Dodechini Appendix ad Chronicon Mariani Scoti ad Annum 1110 in Vet. Germ. Scriptor. Francof. 1618.**

Zur Erhaltung und weiteren Ausbildung ihrer errungenen Landesherrschaft war es erforderlich, sich eine bedeutende Anzahl der Dienst= und Lehen=Mannschaft zu verschaffen, welche dem Bischofe hörig waren und denselben im Kriege und Frieden durch verschiedene Dienstleistungen zu unterstützen hatten, dafür sie von dem Bischofe Stiftungsgüter, Zehnten und andere Nutzbarkeiten als Lehen oder Besoldung erhielten [1]).

Es wurde nun ein Hof, welcher in damaligen Zeiten Sala hieß, angeordnet, in welchen die Ministerialen mit dem Bischofe die Landesangelegenheiten entschieden [2]); auch wurden die sonst in den Geschäften abgehaltenen Placita provincialia, welche in der Folge unter dem Namen Landgerichte vorkommen, eingeführt, welchen die Bischöfe in eigener Person vorstanden [3]); dieselben mußten nun auch, wie ehemals die Herzoge und Grafen, bei dem kaiserlichen Hoflager erscheinen, ihre Lehen= und Dienstmannschaft mit dem Kriegsvolke bei Reichskriegen in das Feld führen, Gesandtschaften übernehmen u. dgl. [4]).

Die städtische Verfassung aber hatte bisher bei dieser Staatsveränderung, außer einigen kleinen erregten Streitigkeiten, glücklich fortbestanden. Nachdem aber mit dem Abgange des Hohenstauff'schen Stammes das große Zwischenreich eintrat, suchten die Reichsstände ihre Landesherrschaft mit einer Suprematie zu verbinden, woraus die Landeshoheit entstand, nach welcher dieselbe die von den Kaisern

---

[1]) Möser Osnabr. Gesch. II. Thl. S. 118.
[2]) Pistorii Amoenit. J. p. Pag. 1070.
[3]) Grupen. Discept. for. Pag. 682.
[4]) Ibid. Pag. 917.

erhaltenen Regalien und Gerichtsbarkeit als einen Ausfluß dieser und als ihr Eigenthum betrachteten ¹).

Nun wurden auch die Städte, welche jetzt keinen Schutz mehr von einem Reichs=Oberhaupte zu erwarten hatten, in Anspruch genommen, sich unter diese Landeshoheit zu fügen; dieses konnte aber nur nach und nach und in späteren Jahren zu Stande gebracht werden, da die Städte noch mächtig genug waren, für ihre Freiheit zu kämpfen; daher die am Ende des 13. Jahrhunderts so häufig entstandenen Fehden zwischen den geistlichen Fürsten und den deutschen Städten, welche bis zum Ende des 14. Jahrhunderts andauerten, und theils durch Verträge, theils durch Kaiserliche Aussprüche zum Nachtheile der Städte sich endigten ²).

Jedoch hatten die Städte noch einige ihrer alten Gerechtsamen von diesem Schiffbruche gerettet, welche die Landesherrn nicht in Anspruch genommen, durch das Herkommen den Städten bestätigt und bis auf unsere Zeiten in Ausübung gebracht worden sind ³).

III. Capitel.
Von der Stadt Würzburg im Besondern.
§. I.
Entstehung und älteste Verfassung.

Wirzburg später Würzburg, hat seinen Namen von dem am Ufer des Mains angelegten Kastelle, welches nach der

---

¹) M. J. Schmidt. Geschichte der Deutschen. 6. Band 14. K.
²) Struben's Nebenstunden. I. Theil. V. Abth. VIII. §.
³) Ebenda. loc. cit. XV. §.

Vermuthung des H. v. Eckhart ¹) von einem gewissen Wirzo erbauet, und von diesem nach der damaligen Sitte seine Benennung erhalten hat. In den älteren Urkunden heißet dieser Ort Wirceburg, und erst im 12. Jahrhunderte kommt der Name Herbipolis vor, welches im Deutschen durch Wirzburg ausgedrückt wurde.

Dieser Ort lag nach der damaligen Landes-Eintheilung in Gauen in dem Gaue Gozfeld, welches ein Untergau des großen Grabfelds war, dem die von Henneberg als Grafen vorstunden ²).

Das Kastell war ein Eigenthum der Herzoge, welche allda ihren Sitz hatten, und deren letzter Besitzer Hetan war ³).

Dieser Hetan hinterließ eine Tochter Namens Irmina, welche ihren durch die Erbschaft von ihrem Vater erhaltenen Antheil dieser Güter dem hl. Burkard gegen das Schloß Karleburg vertauschte. Außer diesen besaß Hetan noch andere Kastelle, als Hammelburg und Mühlenberg, welche er dem hl. Willibrord zu heiligen Zwecken vermachte ⁴).

„Wirzeburg" selbst aber war ein Königliches Domainengut und eine unter der Verwaltung der Grafen im Grabfelde gestandene Villa regia ⁵).

Zur Zeit der Errichtung des hiesigen Bisthums muß Würzburg schon ein bedeutender Flecken gewesen sein, da Egilward ⁶) im Leben des hl. Burcard erzählet, daß der

---

¹) Comment. de reb. Fr. II. Pag. 51.
²) Schultes Neue Diplomat. Beiträge. II. Thl. Bayreuth. 1792. N. VI.
³) Eckhart loco cit. Pag. 328.
⁴) Eckhart l. c. Pag. 311.
⁵) Gonne de Ducatu Franc. orient. §. XIX. XX. Erlang. 1756.
⁶) Vita S. Burcardi C. V. bei Ludewig (Geschichtschreib. S. 966.

hl. Bonifazius mit dem hl. Burcard das Oppidum Wirzeburg besuchet und da gesagt habe: „Felix eris Wirceburg
„et inter Germaniae non ignobilis Urbes, et quamvis
„his temporibus quarundam Civitatum postrema habe-
„aris, tamen ornata Corporibus SS. Martyrum inferior
„non haberis".

Inzwischen gewann die Stadt durch das darin neu=errichtete Bisthum ein größeres Ansehen, und der Wohlstand derselben wurde dadurch sehr befördert, indem die Pagenses sich allda zum Gottesdienste versammelten, und sich manche reiche Guts=Besitzer da ansiedelten.

Aus den Domainen der Stadt kam Nichts zu dem Stiftungsgrunde oder der Dotation des Bisthums, sondern derselbe bestand lediglich in den zum Kastelle früher gehörigen Gütern: dieses scheinet selbst der hl. Bonifazius in seinem 132. Briefe an den Papst Zacharias andeuten zu wollen, wo er sagt, daß er drei Bischofssitze errichtet habe, einen in *Oppido* Eichstädt, einen in *Oppido* Bureburg und einen in *Castello*, quod dicitur Wirceburgi. Auch die alte Grabschrift des zweiten Bischofs Maingud, welche v. Eckhart anführet [1]), preiset den hl. Bonifacius, welcher das Bisthum auf das Kastell gegründet habe:

ad Summum quondam Bonifacius Arcis Honorem
perduxit, sacro constituitque gradu.

Selbst in den Schankungsbriefen der fränkischen Könige an das Bisthum [2]) findet sich nicht die mindeste Meldung von einem aus der Stadt dahin verschenkten Domainengute.

Die Stadt stand also noch damals unter der Verwaltung der Grafen, und v. Eckhart L. c. Pag. 393 sagt ganz

---

[1]) l. c. Pag. 524.
[2]) Sie kommen bei Eckhart a. a. O. S. 391 vor.

richtig: „Comites autem, qui postea in Chartis Wirce-
„burgensibus obviam Nobis fiunt, non fuerunt in
„Ecclesiae bonis constituti, sed tantum in Latifundiis,
„quae in Dioecesi hac Regum erant" [1]).

§. II.
Befestigung und veränderte Verfassung der Stadt.

Nachdem der deutsche Kaiser Heinrich I. einen neun=
jährigen Waffenstillstand im Jahre 924 mit den Hunnen
abschloß, und während dieser Zeit in dem deutschen Lande
alle Anstalten zur Vertheidigung gegen diese barbarischen
Einfälle anordnete, hat vermuthlich auch Würzburg als eine
angesehene Stadt hievon Gebrauch gemacht, und sich nach
damaliger Art mit Mauern und Thürmen befestiget.

Aus Mangel der Urkunden läßt sich der Zeitraum der
angefangenen Befestigung nicht bestimmen. Es wird aber
aus folgenden Gründen allerdings wahrscheinlich, daß dieselbe
zur Zeit dieses Waffenstillstandes zu Stande gekommen sei.

1. Erzählet Fries die vielen Einfälle der Hunnen, und
sagt am Ende, daß die **Hunnen vor der Stadt
Wirzburg gelegen, sich da eingegraben, und die
Stadt zu nöthigen unterstanden**, welches eine Be=
lagerung anzudeuten scheinet; da aber die Hunnen nach
dem geendigten Waffenstillstande erst im Jahre 938 wieder
in Franken einfielen, wie die Geschichte zeiget, so muß schon
damals Würzburg eine Festung gewesen sein.

2. Behauptet Spangenberg in seiner Henneberg. Kronik
Seite 44, daß diese Grafen schon seit dem Anfange des
10. Jahrhunderts den Titel und das Wappen des Burg=
grafthums zu Würzburg geführt hätten; und Fries nennt

---
[1]) Gonne de Duc. Fr. or. §. XX.

den Bischof Poppo I., welcher im Jahre 941 das Bisthum erhielt, einen Burggrafen zu Würzburg des Geschlechts der Grafen von Henneberg, so etwa **lange Zeit Burggrafen und Vögte zu Wirzburg gewesen.** Wenn nun das Burggrafthum erst durch die neue Verfassung der Stadt nach der Befestigung entstanden ist, so mag diese lange Zeit sich wenigstens bis auf die Zeit des obigen Waffen=Stillstandes erstrecket haben.

Uebrigens ist diese Stadtbefestigung ganz nach der im vorgehenden I. Cap. §. 1 beschriebenen Norm angeordnet gewesen, welches die noch vorhandenen Bruchstücke und Denkmäler der ehemaligen Gräben, Mauern, Thürme und Zwinger beweisen. Auch hatte die Stadt ihre Landwehre, unter welcher Rubrik noch heutiges Tages die Markungssachen in dem Stadtarchive verzeichnet sind.

Eine Beschreibung dieser Landwehr von 1444 ist in dem städtischen Archive L. V. vorhanden, wo es heißet: **Es sind vier Thürme auf der Landwehre, die bestellt der Rath, und giebt jedem Thürmer des Jahrs 20 fl. 1. der Thurn bei der Schlupferles Mühle, 2. der Thurn auf der Rimparter Steige, 3. der Thurn bei der dürren Brücke, 4. der Thurn gegen Randsacker.**

Diese Befestigungen wurden also auf Kosten der gemeinen Stadt errichtet und dazu die Gemeindegüter verwendet, waren also und blieben bis auf die spätesten Zeiten ein Eigenthum der gemeinen Stadt; daher die vielen von dem Stadtrathe mit den anstoßenden Bürgern über die Zwinger und den Anbau an die Stadtmauer errichteten Verträge [1]), daher die von dem Stadtrathe vorgenommenen

---

[1]) Sammlung der Reverse L. a von 1565 seq. im Archive der Stadt.

Besichtigungen, und auf Kosten der Stadt vorgenommene Reparaturen der Stadtmauern ¹). Selbst die Bischöfe haben dieses Eigenthum der Stadt anerkannt, welches klar erhellet aus dem Mandat des Bischofs Friederich v. 1563. V.

Nachdem nun die Befestigung der Stadt in der Ordnung war, mußte in derselben auch die den übrigen Städten gleicher Art mttgetheilte Verfassung eingeführt werden. Dieses konnte nur durch kaiserliches Ansehen in Vollzug kommen, da Würzburg ein kaiserliches Domänengut war.

Die Grafen von Henneberg wurden als Burggrafen für die Stadt ernannt, und hatten im Namen des Kaisers den hohen Bann zu verwalten, die Befestigung zu erhalten, und die Kriegsanstalten zu leiten. Groß war das Ansehen dieser Burggrafen, und Bischöfe selbst machen von ihnen mit besonderer Auszeichnung Erwähnung, indem sie ihre Urkunden so, wie nach dem Regierungsantritte des Kaisers, also auch nach dem Jahre der Stadtregierung des Burggrafen datiren. In einer Urkunde des Bischofs Embrico von 1137 heißt es: „datum Wirceburg in Synodo nostra III Nonas Maji Anno dominicae Incarnationis M.C.XXX.VII. Ind. XV. regnante glorioso Roman. Imperatore Lothario II. *Gotewaldo Comite*" und in einer Urkunde des Bischofs Heinrich von 1189 bei Fries steht: „Bertholdo Comite Civitatis curam gerente". In einer Urkunde des Bischofs Adalbero von 1057 bei Fries findet sich, daß diese Burggrafen auch Advocati der Hauptkirche und der Kirche zu St. Stephan gewesen seien²).

---

¹) Protokoll von 1563 u. seqq.
²) Schöpf Nordgau, ostfränkische Staatsgeschichte. Hildburghausen. 1753. I. Thl. S. 29.

Was die übrige Verwaltung der Stadt betrifft, so wurde diese von einem aus der Bürgerschaft gewählten Rathe besorgt. Zur Handhabung der Gerichtsbarkeit über Schuld= und Pfandschaften wurden aus diesen Einige als Schöpfen angestellt, welche unter dem Vorsitze eines von dem Kaiser ernannten Schultheißen das Recht sprachen.

Die Polizei aber und die Verwaltung des Stadt= Vermögens wurde von dem Rathe unter der Vorstandschaft eines von ihm gewählten Bürgermeisters versehen. Diese Verfassung kann zwar aus Abgang älterer Urkunden ge= schichtlich nicht nachgewiesen werden; nachdem aber dieselbe in allen Städten von Franken und Schwaben in Uebung war[1], und sich auch in späteren Urkunden deutliche Spuren dieser Verfassung darbieten, so ist wohl nicht zu zweifeln, daß auch diese in der hiesigen Stadt eingeführt gewesen sei.

In den Urkunden der Bischöfe vom 12. Jahrhunderte kommen die Sculteti unter den Ministerialen als Zeugen häufig vor, und noch bei dem später errichteten Brücken= Gerichte wurden die Bürger als Schöpfen angestellt[2].

Von dem Bürgermeister und Rathe findet man die erste Meldung in einer Urkunde von 1324, wo es heißet: „Wir Tyrolf Weibeler vnd Eke vom Sterne Burgermeister und der Rath, daz sint Herbort von Nithe, Johan von Scheckenbach ....[3]."

Uebrigens war die Stadt in gewisse Distrikte getheilt; man findet aber hierüber in älteren Schriften keine Anzeige;

---

[1] Lindau'sche Ausführung. **Pag.** 580.
[2] Stadt=Protokoll von 1410. **Pag.** VIII.
[3] A. S. Stumpf. Denkwürdigkeiten der teutschen besonders frän= kischen Geschichte. 1. Heft. S. 138.

nur weiß man, daß man bei Erbauung der Städte überhaupt vier Straßen, als: von Osten gegen Westen und Norden gegen Süden ausgezeichnet habe [1]).

Es ist daher sehr wahrscheinlich, daß anfänglich die Stadt in vier Viertel, als nemlich in das Domer- und Mainser-, und das Peterer und Pleichacher-Viertel getheilt gewesen sei, indem nur in diesen Vierteln die sogenannten Viertelhöfe noch später vorhanden waren, welche in anderen Vierteln nicht vorkommen.

Einem jeden solchen Viertel stund ein Meister vor, welcher in der Folge Viertelmeister hieß; daher in der den Bürgern vorgelegten Eidesformel geboten ist, ihren Meistern gehorsam zu sein.

Da inzwischen die Bevölkerung der Stadt immer mehr anwuchs, fand der Bischof Johann im Jahre 1411 für nöthig, die Stadt in acht Viertel zu theilen, und als Vorstand zwei Hauptleute aufzustellen [2]).

Die Bürger der Stadt mußten dem Rathe, so oft es derselbe für gut fand, die Huldigung leisten. Die dazu vorgeschriebene Eidesformel ist in einer Handschrift des Stadt-Archivs von 1357 enthalten, und lautet, wie folgt:

Das ist die Forme des Eids, den Man von altersher zu Wirzeburg der Stadt, Reiche und Arme zusamen haben gesworen zum Längsten ye über zwey Jahre.

Die Burgermeister und der Rath, alter und neuer, dazu die Burger, und von allen Handwerken, eines nach den andern, daß Ich dem Burgermeistern

---

[1]) J. A. Oegg. Versuch einer Xorographie von Würzburg. 1808. S. 616.
[2]) Raths-Protocoll von 1415. Pag. CVIII.

und dem Rathe gehorsam seyn, die ye dan Burger=
meister und Rath sind, zu allen den Dingen, die die
Stadt angehen, und einander getreulich zu helfen, und
stendig zu seyn, der Stadt Schaden warnen, und
Frommen werben und schiden heimlich und ofentlich,
als vere Ich kan und mag ohne alle Geverde.
Dieser Eid soll stehen als lange bis die Stadt
erkenne, daſ Sie den Eid erneuen wolle, daſ Ihr
dan alle gehorsam seyd uff den Eid, als Ihr izt
geswohren habt. Da gebeüth Man Euch auf den=
selben Eid, daſ ein Jeglicher seinen Meistern gehor=
sam sey zu allen Dingen, die die Stadt angehen
ohne geverde.

§. III.
Von der bischöflichen Regierung mit Rücksicht auf die Stadt=Verwaltung.

Unter der Regierung der ersten deutschen Könige bestand
noch die Verfassung der bischöflichen Regierung nach jener
Art, wie solche unter den fränkischen Königen in Uebung
war: Sie hatten eine freie unabhängige Verwaltung der
zu ihrem Sprengel gehörigen Kirchengüter, und waren in
dieser Hinsicht von aller Grafengewalt befreit. Die achte
Satzung des Mainzer Kirchenraths von 817 sagt: „Episcopi
„potestatem habcant Res Ecclesiae providere, regere
„et gubernare atque dispensare secundum canonum
„auctoriatem." Nachdem aber die Bischöfe in ihrer freien
Verwaltung öfters beeinträchtiget und befehdet wurden, war
ihnen erlaubt, durch Veräußerung einiger Stiftungsgüter
eine Miliz zur Vertheidigung ihrer Immunität anzuschaffen;
daher Hincmar in seinem 21. und 29. Briefe sagt: Epi-

„scopus de Rebus Ecclesiae propter Militiam Bene-„ficium donat."

In dieser Lage überließen die Bischöfe die weltliche Verwaltung ihres Kirchengutes den aufgestellten Advocaten unter ihrer Oberaufsicht und widmeten sich hauptsächlich dem Berufsgeschäfte ihres Hirtenamtes. Nachdem in der Folge die sächsischen Kaiser anfingen, den deutschen Kirchen ganze Grafschaften, Gerichtsbarkeiten und andere Regalien zu schenken, wurden solche auch von den Vögten verwaltet und diese von den Kaisern damit investirt [1]).

Späterhin wurde dieser Vogtsdienst den Bischöfen zu lästig, und sie suchten dessen los zu werden, daher sie diese Stelle durch einen Vice-Dominus bestellten, von welchen Du Fresne in Glossario Pag. 1567 sagt: „Vicedominos ad hoc constitutos constat, ut essent, qui rerum temporalium ad Ecclesias pertinentium curam gererent, quamdiu Episcopi rebus spiritualibus et divino officio vacabant."

Dieser Vicedominus hatte also die weltliche Verwaltung der kirchlichen Güter und deren Gerechtsame in gemeinen Fällen, die wichtigeren Gegenstände aber wurden auf den Senden entschieden.

Ganz nach dieser Norm benahmen sich auch die Bischöfe von Würzburg; schon im 10. Jahrhunderte wurde die Theil=ung der Stiftungsgüter vorgenommen und dem Bischofe seine Bona mensalia und der übrige Antheil angewiesen [2]).

Das Kapitel stand noch nach damaliger Sitte unter den Vögten; die Bischöfe aber bestellten Vicedominos zu Verwaltern. In einer von dem Bischofe Sigfrid der Abtei

---

[1]) Grupen in Ant. Hanov. von der Advocatia S. 217.
[2]) Trithemii Chronic. Hirsaug. ad annum 977.

Ebrach ertheilten Urkunde von 1149 heißt es: Popo Comes Advocatus Altaris majoris Ecclesiae intererat.... und in der Urkunde des Bischofes Adalbero über die Stiftung des Klosters Heidenfeld von 1069 kommt ein Swiger Vicedominus vor [1]).

Auch unterhielten schon damals die Bischöfe eine Miliz zur Vertheidigung ihrer Freiheiten, welches aus der Urkunde des Bischofs Heinrichs I. vom Jahre 1008 über die Abtretung seines Diöcesan-Antheils an das Bisthum Bamberg erhellet, worin er sagt, daß diese Abtretung „Cum com-„muni Cleri sui atque *Militum*, nec non totius Populi „consilio et consensu" geschehen sei [2]).

In dieser Lage der Bischöflichen Regierung blieb die Stadt in ihrer Verfassung und Gerechtsame unangefochten. Nun aber trat nach dem Zeugnisse unserer Staats-Rechts-Lehrer unter der Regierung der Kaiser Heinrich IV. und V. der Zeitraum ein, in welchem die alte Eintheilung des Landes in Gaue gänzlich verschwand, die diesen Gauen vorstehenden Grafen die dahin gehörigen Länder als ihr Eigenthum behandelten, die Gerichtsbarkeit und andere Regalien als eigen zuständige Gerechtsame ausübten, einen Hofstaat von Milizen und Ministerialen anordneten, und also eine Landesherrschaft begründeten. Die Bischöfe, deren Stiftungsgüter sich außerordentlich vermehrt, und selbst Grafschaften mitunter enthalten hatten, wollten nicht zurückbleiben, und fingen nun an ihre Regierung nach dem von den Grafen gewählten Maaßstabe auszubilden. In diesen Zeitraum fiel die Regierung des Bischofs Erlong zu Würz-

---

[1]) (Sprenger). Diplomatische Geschichte der Benedictiner Abtei Banz. Nürnberg 1803. S. 288.
[2]) Bambergische Ausführung über den Flecken Fürt in Cod. diplomat.

burg, welchem Heinrich IV. seine Gerichtsbarkeit und die dem Stifte mitgetheilten Regalien abgenommen hatte, die aber durch Heinrich V. auf dessen Anhalten wieder zurückgegeben wurden, wie die von Fries mitgetheilte Urkunde von 1120 beweist ¹).

In dieser Urkunde erhielt nun der Bischof (wie der Ausdruck lautet): Judiciariam Potestatem in universa orientali Franciâ, allerdings ein hinlänglicher Stoff, auf diesen Grundstein das Gebäude einer Landesherrschaft gleich den weltlichen Grafen und Herzogen zu errichten. Dieses begann er mit großer Feierlichkeit, indem er zum Zeichen der erlangten Herrschaft sich bei allen festlichen Handlungen ein Schwert vortragen und auch in seine Münzen übertragen ließ ²).

Es ist auch nicht zu zweifeln, daß derselbe zu einer neuen Regierungsform den Grund gelegt habe, aber durch seinen frühzeitigen Tod, welcher schon im Jahre 1122 erfolgte, und durch die auch noch fortdauernden unruhigen Zeiten an deren Vollzuge gehindert worden sei. Wenigstens war damals schon der Hof des Bischofs sehr ansehnlich, und die Zahl der Dienst- und Lehen-Mannschaft, welche eigentlich die Kräfte des Staates ausmachten, sehr zahlreich. Der Bischof Emerich, zweiter Nachfolger des Erlongus, hat in seiner au Ebrach 1137 erlassenen Urkunde als Lehen- und Dienstleute folgende aufgeführt: den Grafen Hermann von Hoheftadt belehnet mit der Vogtei zu Alolveßheim, die Dynasten Gebhard von Sulzbach und Rudiger belehnet mit einigen Gütern am benannten Orte; und unter den Zeugen

---

¹) Bei Ludewig. a. a. O.
²) Köhler. Münz-Belustigungen. IV. Thl. S. 296.

werden als Ministerialen ein Cunrat Vicedominus und noch 19 andere mit Namen angeführt.

Zu diesen kamen noch im Jahre 1168 die vier erblichen Hofämter, welche der Bischof Erbold nach erhaltener Bestätigung seiner Landesherrschaft von K. Friderich I. aufstellte, und die von den Grafen von Kastell, von Henneberg, von Wertheim und von Rineck übernommen wurden [1]).

Ueberhaupt hat sich diese Dienst= und Lehen=Mannschaft in der Folge so sehr vermehrt, daß im Jahre 1303 das Bisthum 13 Familien aus dem Fürstenstande, 5 aus dem Herrenstande, 370 aus dem Adel= und Ritterstande als Vasallen zählte [2]).

Nun stellten sich die Bischöfe selbst an die Spitze ihrer Regierungs=Geschäfte. Ein Saalgebäude wurde auf der Brücke in Würzburg errichtet, in welchen die Ministerialen unter dem Vorsitze des Bischofs ihre Sitzungen hielten, und allda die Regierungsgeschäfte abhandelten. In der Folge wurden auch die allgemeinen Landgerichte zu Stande gebracht, bei welchen alle auch Unmittelbare erscheinen mußten, und die hiezu bestimmten Dingstühle waren zu Welderrieth und auf dem Schotten=Anger, wie man aus den Urkunden von 1230 und 1233 ersiehet [3]).

Diese auf solche Art anwachsende Macht der Bischöfe war freilich keine frohe Erscheinung für die städtische Freiheit. Man hatte auch auf dieselbe bisher keinen Anspruch gemacht. Allein nach dem Kriege der Bischöfe Otto und Hermann mit den Grafen von Henneberg, welcher im Jahre

---

[1]) Pistor. Amoenit. Hist. et Jur. p. Pg. 471.
[2]) Schmidt. Gesch. d. Deutsch. 7. Band. VI. Buch. 19. K.
[3]) Schultes. N. dipl. Beitr. S. 228. — Dipl. Gesch. d. Abtei Banz. S. 365.

1240 durch einen Vergleich beigelegt wurde, nach welchem der Graf Heinrich in die Lehendienste des Bischofs übergetreten war, und wahrscheinlich das Burggrafthum der Stadt Würzburg abgegeben oder um Geld an den Bischof verkauft hatte, indem weder er noch seine Nachfolger von dieser Zeit an den Titel und das Wappen des Burggrafthums in ihrem Siegel führten [1]), verlor dadurch die Stadt eine kräftige Stütze ihrer Unmittelbarkeit, und da auch von dem Kaiser, welcher überhaupt den Städten nicht geneigt, keine Unterstützung zu hoffen war, fing das Gebäude der städtischen Unmittelbarkeit zu wanken an, und wir werden im Folgenden sehen, wie die städtische Gerechtsame nach und nach in Abgang gekommen, und die Unmittelbarkeit ganz in Verfall gerathen sei.

§. IV.
Von den Gerechtsamen und Freiheiten der Stadt Würzburg und deren allmähligem Abgange.

In dem III. §. des I. Capit. wurde von den Vorzügen und Freiheiten der Städte überhaupt vorläufige Erwähnung gemacht. Daß nun auch die Stadt Würzburg solche Freiheiten genossen habe, und auch noch ein wiewohl sehr geringer Anschein davon vorhanden sei, wird folgende Beschreibung darstellen:

I. **Gerichtsbarkeit.**

Von der durch die Burggrafen und angestellten Schultheißen in den ältesten Zeiten verwalteten Gerichtsbarkeit in der Stadt und deren Weichbilde hat uns das zerstörende Alterthum keine Spur hinterlassen; jedoch ist nicht zu zweifeln,

---

[1]) Evangenberg. Henneberg. Chronik. S. 124. 169. 183.

daß diese bis in die Mitte des 12. Jahrhunderts in Thätigkeit gewesen sei; wenigstens sind noch in der Urkunde des K. Friderich I., worin er dem Bischofe Erbold den Ducatum Franconiae im Jahre 1168 verleihet, ein Popo Praefectus Urbis, und Billungus et Henricus Sculteti unterzeichnet.

Eben diese Urkunde war nun der Grundstein zu dem weitumfassenden Gebäude, in welches sich die städtische Gerichtsbarkeit nach und nach ganz verlor. Nachdem diese Urkunde deutlich ausspricht: „Nullus intra terminos Ducatus „Potestatem judiciariam exerceat, nisi solus Episcopus „et Dux, vel cui ipse commiserit," so machte der Bischof Erhold sogleich Gebrauch davon. Er ordnete nach eingeholtem Rathe seines Kapitels ein allgemeines Landgericht oder Placitum provinciale an, in welchem als einer nun Kaiserlichen Gerichtsstelle alle Provinzgenossen erscheinen mußten, und alle Criminalfälle nebst dem Klagen über Erb und Eigen entschieden wurden [1]).

Ein solches von dem Bischofe Hermann gehaltenes Landgericht: „Actum in Octavâ Martini Anno Domini M. CCXXX. apud Welderied" findet man in Schultes diplomatische Beiträge I. Thl. S. 228.

Nun gewann auch das Brückengericht, welches anfänglich ein Bischöfliches Eigengericht für die Grundholden der Stifts-Güter war, einen weiteren Umfang, indem auch die Bürger ihre Klagen über Schuld und Pfandschaft allda entscheiden ließen; daher auch an diesem Gerichte 7 Bürger als Schöpfen angestellt worden sind [2]).

---

[1]) Herbipolis historico-juridica. Ed. Schüll. Herbip. 1700. sub Heroldo Ep.

[2]) Stadt-Protokoll v. 1418. Fol. VIII.

Diese Einrichtung gab in der Folge zu verschiedenen Strittigkeiten zwischen der Stadt und dem Bischofe Anlaß, welche aber immer zum Vortheile des Letzteren sich endigten. Dem Bischof Mangold machte die Stadt den Vorwurf, daß sein Gericht nicht, wie vor Alters Herkommen, gehalten werde; die darauf entstandene Fehde hat der K. Adolph im Jahre 1296 durch einen Vergleich beigelegt, worin es heißt:

„Daß die Bürger den Bischoff in seinen Rechten „und Gerechtigkeiten nicht irren oder Eintrag thun, „ihres Rathhauses und Raths Volks ob seyn sollen, „und der Bischöffliche Rath, wie von Alter Her- „kommen auf dem Saal gehalten, daß die Zünfte „ab seyn, und Niemand, dan der Bischoff zu „Wirzeburg einig Gericht daselbst haben „soll." [1]

Im Jahre 1357 hatte der Bischof Albert an den Rath einen Befehl erlassen, worin er sagt, daß die Handwerker Gerichte unter sich hielten, und was unter ihnen geschehe, das verböten sie, daß man das nicht dürfe klagen an seinen Gerichten; worauf der Rath folgende Antwort ertheilet hat:

„Wir wissen nicht, daß die Handwerker ein Gericht „unter Ihnen hätten, wo aber dieses unseren Herrn „deuchte, daß Er denen zuspreche, was dan nicht „verantworten mögte, daß Er's entgälte".

Oder daß Er die Handwerker zur Verantwortung ziehen, und wenn diese sich nicht verantworten würden, selbst zu bestrafen.

Aus diesem geht hervor, wie man beiderseits einver= standen war, daß alle Gerichtsbarkeit in der Stadt aus= schlüssig dem Bischofe gebühre [2].

---

[1] Fries und Chron. MS. sub Mangoldo.
[2] MS. des Stadt-Archivs v. 1357.

Späterhin kam zwar das Landgericht in Abnahme und das Brückengericht ganz in Verfall; die Stadt konnte aber die einmal verlorne Gerichtsbarkeit nicht mehr erhalten.

II. Gesetzgebung und Polizei.

In den ältesten Zeiten wurden die Gesetze auf den Landtagen festgesetzt, wobei das Volk selbst seine Stimme gab. In den Städten wurden solche von dem Burggrafen oder Reichsvogt in Vortrag gebracht, und von dem Rathe und der Bürgerschaft genehmigt [1]).

Durch die nun aufkeimende Landeshoheit kamen diese Landtäge in Abnahme und die Landesherrn verbanden die Gesetzgebung mit der Gerichtbarkeit, daher alle Verordnungen bei dem Gerichte durch die Schöpfen berathen und festgesetzt wurden.

Die Stadt Würzburg mag wohl auch anfänglich die Gesetzgebung so, wie andere Städte, in Ausübung gebracht haben. Nachdem aber seit des Bischofs Erhold Zeiten die allgemeinen Landgerichte in Gang kamen, mußte sich auch die Stadt den darauf anerkannten Gesetzen unterwerfen; jedoch verblieb ihr die volle Freiheit, für das Wohl der gemeinen Stadt besondere Verordnungen zu machen, die als ein mit der Stadtverwaltung unzertrennbares Recht des Stadtraths angesehen wurde, in späteren Zeiten den Namen Polizei erhalten hat.

Auch noch in der gefahrvollen Zeit, wo die Landeshoheit im Herzogthume Würzburg seit der Regierung des Bischofs Iringus eingeführt, und nach und nach ausgebildet wurde, fuhr der Rath fort, in der Verwaltung der Stadt frei und unabhängig Anordnungen zu machen.

---

[1]) Struben. Nebenstunden. V. Abthlg. S. 515.

Als K. Ludwig IV. im Jahre 1336 einen Landfrieden für Franken anordnete, war auch die Stadt Würzburg nebst anderen als Landfriedens=Stand darin begriffen; der Rath schickte den Ulrich Weibler als Abgeordneten an die zu Nürnberg versammelten Landfriedens=Stände mit dem Berichte, worin er sagt:

„dazu ist mancherley Sache für Uns kommen, der
„Wir etwa viel bericht haben, und auch die Leute
„darum betagt haben, und auch etliche Ordnung
„gemacht haben, wie der Landfried stehen soll. daß
„Wir Euch alles dies nicht geschrieben können, das
„Euch S: Weibler mit dem Munde wohl saget" [1]).

Inzwischen war allerdings vorzusehen, daß diese unbeschränkte Freiheit gegen die immer an Macht und Ansehen mehr anwachsende Landeshoheit in der Länge nicht bestehen würde. Schon machte der Bischof Otto II. im Jahre 1340 den ersten Angriff. Nach Fries Erzählung verbot der Rath den Bürgern, der Geistlichkeit zur Hinterlegung ihres Weines und Getreides Keller und Speicher zu vermiethen; wogegen der Bischof alle Ausfuhr des Getreides aus der Stadt verbot. Die Bürger widersetzten sich mit der Vorstellung, wie folget:

„Wollte ein Herr auch neue Geboth und Saz sezen,
„da ist also Herkommen, daß Er das ohne die Bürger
„nicht Thun soll. Wen Er aber das Thun wollt,
„und sein Gericht anderst sezen, den vor Alters
„Herkommen wäre, darwider die Bürger alle wege
„gewesen".

Nachdem aber dieser Streit in einen offenen Krieg auszubrechen begann, wurde derselbe im Jahre 1344 durch einen Vergleich beigelegt. In diesen sagt der erste Artikel:

---

[1] MS. des Stadt=Archivs v. 1336.

„das Erste, daß die Burger und die Stadt bekennen,
„daß der Bischoff Otto ihr rechter Herr sey, wie Sie
„Ihm das gelobt und geschwohren haben.....

„Auch Bekennen Wir die Burger, daß Wir unseren
„gnädigen Herrn in seiner Herrschaft, in seinen
„Gerichten, auch an des Bischoffs Rath auf dem
„Saal, was die zu Rath werden, daß Man das
„von Bischoffs wegen gebiethen solle, und daran
„nicht irren soll."

Und in dem weiteren Artikel stehet:

„Auch sollen die Burger allen Pfaffen und Stifften
„ihr Getreid lassen ein= und ausführen.... Es wäre
„dan, daß der Bischoff mit Rathe deren Stifften und
„Bürgern ein Anderes zu Rath würde."

Aus diesen geht hervor, daß der Bischof die Getreid=
sperre aufgehoben, dem Burger=Rathe sein Recht Polizei=
Verordnungen zu machen, anerkannt, sich aber vorbehalten
habe, daß sich der Rath dabei nach den von ihm als Landes=
herrn allenfalls zu erlassenden Gesetzen benehme.

Dadurch wurde zwar der Rath in der freien Polizei=
Verwaltung in so ferne beschränkt, daß der Landesherr die
von diesem erlassenen Verordnungen durch ein Gesetz hinter=
stellen oder das Gegentheil verfügen konnte. Uebrigens aber
fuhr der Bürgerrath fort, Polizei=Verordnungen ohne weitere
Anfrage zu erlassen, wovon das von dem Stadtrathe im
Jahre 1373 erlassene Polizei=Gesetz, welches hier folget, ein
merkwürdiges Beispiel ist.

„Nu hat Man auch bedacht, durch der Söldner
„auch durch der Armen und Reicher Wille, und hat
„diese Seze gesetzt und gebothen zu halten, und die
„stehen also:

„Man soll ein Malter Waizen geben um dricehen
„Schilling Pfenning — ein Malter Haber um
„XIII. Schilling Pfenning; und nicht höher. Wer
„das bricht, und das Getreid höher git oder verkaufet,
„der git von yeglichen Malter sechzig Pfenning.

„Es soll auch Niemand schiden oder zechen geschickt
„uzzer der Stadt an Meelwe, noch an Getreid.
„Wer das übertritt, der git yr von eyn Malter ein
„Pfund Pfenning. Ist sie minner" — ist es weniger —
„so git Er als sich davon gebührt, und soll das
„Meel und das Getreid darzu verloren seyn.

„Man soll auch Backen ein yeglicher Pfister ein
„Wastel um dry Pfenning, einen Leyb um dry
„Pfenning, und einen Fleben um zween Pfenning,
„und nicht höher. Wer das Brichet, der git von
„yeglichen Brod ein Schilling Pfenning. Auch soll
„Nymand Keyn Brod uzzer der Stadt schicken heym=
„lich noch offentlich, Wer aber das Thut, der git
„von yedem Brode ein Schilling Pfenning.

„Es soll auch Nymand Keynen Win noch Byer
„schenken noch Beyl haben heymlich noch offentlich,
„dan in der Stabte Namen, und Wer das brichet,
„der git von yedem Bodeme ein Pfund Pfenning.
„sonder die Wirte mögen ihren Gesten Getränk über
„Tisch geben, und darnach nicht, by der Buzze von
„yeben Mazze sechzig Pfenning.

„Auch soll ein yegliche Frau oder Mann an sinen
„Kauf nehmen einen Gulden für neuncehen Schilling
„Heller — eyn Turnos für einen Schilling Pfenning,
„eyn Böheimischen für acht Pfenning, und eyn eng=
„lischen für vier Pfenning, und Wer das nicht hältet,
„der git yr von eynen Gulden eyn Schilling Pfen=

„ning, von einen Turnos dry Pfenning, von eynen „böheimischen zween Pfenning und von eynen eng=
„lischen eyn Pfenning.

„Es soll auch Nymand in Keyne Kyrche, in Keyn „unserer Herrn von Stiften oder deren Clöstern Höfe, „oder in der Vicarien Hüser oder Höfe laufen oder „geen, und Keynerley Schaden darinnen Thun ohne „Heizze der Burgermeistern und des Raths.

„Wer das darwider Thut, wird Er Begriffen, Es „sey Frau oder Mann, den will Man in das Hals= „eisen schliezzen, und darinn Lazzen steen, bis Er „gebüzzet wird.

„Es mag aber die That also seyn, Man schläget „Ihm eyn Hand ab, oder Thut Ihm, was Ihm „schwer ist."

Hier liegt klar am Tage, daß der Rath eigenmächtig das Recht ausgeübt habe, in eigentlichen Polizei=Sachen, als in Besorgung der öffentlichen Sicherheit, in Bestimmung des Kaufs und Preises der Nahrungsmittel Gebote und Verbote mit beigefügten auch zehentbarlichen Strafen zu erlassen. Auch hat derselbe in folgenden Zeiten dieses Recht in glei= cher Art ausgeübt, wie die noch vorhandenen Polizei=Gesetze aus dem 15. Jahrhunderte beweisen.

Im Jahre 1400 fiel die Stadt nach der unglücklichen Schlacht bei Bergtheim ganz in die Gewalt des Bischofes, derselbe machte aber keine Veränderung in der städtischen Verfassung; vielmehr machte er schon am zweiten Tage nach dem Siege einen Vertrag mit der Stadt, worin er, mit Vorbehalt seiner Landeshoheits=Rechte, die Stadt in ihren Gerechtsamen zu schirmen und zu schützen versprach [1]).

---

[1]) Chron. MS. sub Gerardo Ep.

Ein gleiches Versprechen machten auch alle folgenden Bischöfe in ihren vor dem Antritte der Regierung ausgestellten Kapitulationen.

Nachdem sich aber die Stadt im Jahre 1525 den empörten Bauern mit anschloß, und den Bischof Conrad bekriegte, von diesem aber gänzlich besiegt wurde, fiel die Verwaltung der Stadt in die Hand des Siegers, und der Rath mit der alten städtischen Verfassung verschwanden.

Im Jahre 1527 wurden die Bürger wieder zu Gnaden aufgenommen, ein Rath von dem Bischofe eingesetzt, und demselben die Stadt-Verwaltung übergeben; dagegen wurde dem Bischofe ein Revers oder eine Verschreibung ausgestellt, worin es heißt:

„Wir Burgermeister, Rath und ganze Gemeinde der
„Stadt Würzburg.... geloben..... daß Wir Sr. f.
„Gn. gebothen und Verbothen und sonderlich nach
„Ordnung, so uns jezund gegeben oder Künftiglich
„von Sr. f. Gnaden und bero Nachkommen gegeben
„werden unterthäniglich, gehorsamlich, wie frommen
„getreuen Unterthanen zustehet, getreulich Nachkommen
„und geleben sollen und wollen".

Von dieser Zeit an war nun der Rath in Rücksicht der Polizei=Verwaltung nicht nur an die Landesgesetze gebunden, sondern mußte auch von dem Bischofe, welcher dann die obere Leitung der Polizei sich vorbehalten hat, für jeden einzelnen Fall Gebote und Verbote annehmen und befolgen, welches die vielen vorhandenen bischöflichen Polizei=Verordnungen beweisen.

III. **Das Jus Defensionis oder Vertheidigungs-Recht.**

Dieses Recht besteht in der Befugniß und daraus hervorgehenden Pflicht, die Befestigung der Stadt, und die hiezu erforderliche Garnison zu unterhalten, und über die Ordnung bei dieser in Kriegs= und Friedenszeiten strenge zu halten.

Von der Befestigung der Stadt seit ihrer Entstehung wurde schon im vorhergehenden Kap. III. §. II. gehandelt. Diese Befestigung scheint mit der Zeit wegen zugenommener Bevölkerung nicht nur erweitert, sondern auch in ihrer Art sehr bedeutend geworden zu sein, da die Stadt verschiedene Belagerungen, ohne eingenommen worden zu werden, glücklich ausgehalten hat. Unter der unruhigen Regierung des K. Heinrich IV. wurde die Stadt im Jahre 1077 von dem Gegenkönige Rudolph und im Jahre 1086 von dem Gegenkönige Hermann hart belagert, aber ohne Erfolg [1]).

Auch die Bischöfe Albert im Jahre 1357, der Bischof Gerhard im Jahre 1372 und Johann II. im Jahre 1435 belagerten die Stadt, ohne solche bezwingen zu können [2]).

Bei jeder Gefahr eines feindlichen Anfalles ließ der Rath die Befestigung in Ordnung bringen, neue Mauern, Thürme und Gräben errichten, und solche mit bewehrter Mannschaft besetzen, wie Fries in seiner Chronik unter den Bischöfen Andreas, Gerhard und Albert erzählet. Die Stadt machte auch Bündnisse mit anderen Städten, nahm auch Ritter vom Adel in ihre Dienste und suchte Söldner aus fremden Ländern anzuwerben, wie wir solches in der Fehde der Stadt mit dem Bischofe Gerard ersehen [3]).

Das Militär bestand aus der Bürgerschaft und aus gedungenen Söldnern. Ein jeder waffenfähiger Bürger

---

[1]) Fries — unter Bischof Adalbero. Spangenberg. Henneb. Kron. S. 82.
[2]) Ebenda.
[3]) Chr. MS. sub Gerardo.

mußte nach geschehenem Aufrufe vor seinem Gassenhauptmanne oder Viertelmeister erscheinen, wo er Waffen und Munition aus dem Magazin erhielt; die Musterung ließ der Rath durch Deputirte vornehmen, und die weiteren Verfügungen den Hauptleuten zur Bekanntmachung an die Mannschaft zu deren Vollziehung eröffnen.

Die Söldner aber wurden nur auf einige Jahre gebungen, mußten immer unter den Waffen sein und die Wachen in der Stadt versehen, auch im Felde zu Kriegszeiten dienen. Die Pflicht der Söldner ist in einer Handschrift des Stadt-Archivs folgender Maßen beschrieben:

„Da Man zälte von unsers Herrn Crists geburt
„bricehen Hundert Jar in dem vierde und fünfzigsten
„Jare umb h. Walpurg-Tage und darvor war
„Man stellend noch Söldner, und ist dieſ der Eyt,
„den die Söldner geschworen haben.

„Zum ersten: Es ist berett, daz eyn jeglicher
„Söldner haben soll eyn Meyden darauff zu dijnen
„mit eynen Helm und dazu zwey Pferd: zu den
„eynen Pferd eyn Panzirrer mit einen Armbrust,
„und der soll auch schwören als sein Herr, zu dem
„andern Pferd eynen Blozzen Knecht.

„Item. daz Man zu Felde ziehet, da soll Man
„Jhm geben Win und Brot: nemen Sie Schaden
„an ihren Pferden in der Stadtdynste, den soll Man
„Jhnen uzrichten und gelten nach dem als Sie ge-
„schäzt sind.

„Wirt Jhr eyner gevangen, den ist Man nicht
„schuldig zu lösen. Was Sie gevangener gewinnen,
„Es sind Pfaffen oder Layen, erbare oder reysige
„Leute, die sollen Sie zu Hofe entworten.

„Fahen Sie gebür, die sollen Sie inhaben, Wirt
„der Stoff aber hingelegt, welche dann ungeschäzt
„sind, die werden unnsonst ledigt.

„Es sollen auch die Söldner und ihr bijner alle
„und Ihr yeglicher besonders gehorsam seyn dem
„Burgermeister und dem Hauptmann, den Man Ihnen
„git, der Stadt getreülich zu dynen und zu helfen
„wider allermenniglich Niemand uzgenommen und
„der Stadt Schaden warnen und Frumer werben
„heymlich oder ofentlich, und auch verswveigen allen
„heymlich, den Sie von Uns innemen one alles
„geverde.

„Man hat Ihnen auch mit Worten gegeben in
„dem Eyd, daſ Ihr Keiner mit dem Andern icht ze
„schicken hätt, und ob Sie Crieg oder Vintschaft
„unter eynander haben, daz soll liegen, und soll
„Ihr Keyner nichts darzu thun, allbieweile Sie der
„Stadt gebunden sind.

„Auch hat Man Ihnen mehr in den Eyd gegeben,
„ob ein Stozze oder eyn Usslauf wider Ihn würde,
„oder Sie den gewünnen geyn anderen Leuten,
„darzu sollen Sie nichts Thun, Sie bringen es dan
„eher an die Burgermeister oder an Ihr Eynen.

„Also soll Ihr yeglicher ein Jahr gebunden seyn
„von dem Tage als Er gesworen hat.

„Ez soll auch Ihr Eyner nirgend reiten, auch
„ihre Pferde nirgend reichen uzzer der Stadt one
„Laube der Burgermeistern oder Ihr Eynen one
„Geverde.

„Geyt Man Ihnen aber Urlaup zu reiten, in
„deſſ sollens Niemand schädigen noch dynen mit
„gewapneter Handt."

Die Armee bestand damals in Lanceariis, Lanzenträgern und Sagittariis oder Bogenschützen [1]); zu diesen gehörten nun unsere Söldner, deren Waffen Bogen und Armbrust waren; zu deren richtigen Gebrauche, sowie auch im Werfen und Schleudern waren jährlich öffentliche Uebungen angeordnet, und hiezu ausser der Stadt ein Garten oder Feld zur Zusammenkunft angewiesen, wo ein Pappelbaum oder ein anderer Gegenstand als Ziel, nach welchem geschossen wurde, aufgestellt, und dem besten Schüzen nach dem Schiesen eine Belohnung zuerkannt wurde.

Bisher also bestand das Schützen-Corps aus Söldnern, nachdem aber die Söldner durch den Hussitenkrieg ganz in Abnahme kamen und dafür der geworbene Soldat eintrat, wurde das erledigte Schützen-Corps aus dem Bürgermilitär ersetzt und in der Folge als ein besonderes Institut regelmäßig geordnet. Im Jahre 1487 wurde von dem Rathe eine Schützen-Ordnung bekannt gemacht, das sogenannte Schoß-Amt errichtet, und ein Schoßmeister aufgestellt, welcher für die Aufrechterhaltung guter Ordnung zu sorgen, und über den von dem Rathe erhaltenen Vorschuß zur Bestreitung der bei dem Abschießen erforderlichen Kosten Rechnung zu tragen hatte.

Nach erfundenem Pulver wurde die Armbrust in eine Büchse verändert, eine Scheibe zum Ziele aufgesteckt, und die Schützen-Gesellschaft war bis zum allgemeinen Gebrauche derselben in Bogen- und Büchsen-Schützen getheilt [2]).

Gleichwie nun die Leitung der städtischen Militär-Verfassung ausschließlich dem Rathe oblag, ebenso hatte er auch für die Sicherheit der Stadt zu sorgen, daher er die Schlüssel zu den Thoren und Thürmen in eigener Verwahrung hielt

---

[1]) Grupen. Discept. for. Observ. IV. §. XI.
[2]) Akten vom Schoßamt.

und nur Unverdächtigen den Einlaß gestattete. Man hat Beispiele, daß sie selbst dem Bischof, wie Fries in dem Leben des Bischofs Andreas erzählet, den Eingang in die Stadt verbauet haben.

An den Kriegen des Bischofs mit Auswärtigen nahm die Stadt keinen Antheil. Der Bischof Berthold bot in seinem Kriege mit den fränkischen Grafen nach dem Zeugnisse des Fries nur seine Lehenleute und Landschaft auf, und machte selbst im Jahre 1288 mit der Stadt ein Bündniß über wechselseitige Vertheidigung.

Nachdem inzwischen sich die Bischöfe immer mehr bestrebten, die volle Herrschaft über die Stadt zu erringen, so mußte vor Allem dieses Vertheidigungsrecht dem Rathe entzogen, und dem Bischofe als Landesherrn zugetheilt werden; der Bischof Albert machte den ersten Anspruch, indem er im Jahre 1357 eine Verordnung an die Bürger erließ, worin er verbietet:

„Keine neüe Bäue an unserer Stadt zu Wirzburg „weder mit Thürmen, Gräben, Erckern oder Zinnen „one unser Heiß, Willen und Wort zu sezen."

Diese Verordnung aber hatte keine Folge; da hievon in dem von dem K. Karl IV. zwischen Beiden geschlossenem Vertrage keine Meldung vorkommt, und die Bürger fortfuhren, ihr Befestigungsrecht in Ausübung zu bringen. Erst dem Bischofe Gerhard ist es nach der für die Bürger so unglücklichen Schlacht bei Bergtheim gelungen, diesen Zweck zu erreichen, da in dem mit der Stadt hierauf geschlossenen Vertrage vom Jahre 1400 bedungen wurde, dem Bischofe alle Thore und Thürme der Stadt sammt den Schlüsseln zu überliefern [1]).

---

[1]) Fries und Chron. MS. sub Gerardo.

Die Befestigung war also dem Bischofe eingeräumt. Die bisherige Militär=Verfassung der Bürgerschaft blieb aber unverändert, und deren Anordnung dem Stadtrathe überlassen, daher derselbe schon unter der folgenden Regierung des Bischofs Johann II. im Stande war, gegen den Bischof nach seiner Vereinigung mit dem Kapitel die Waffen zu ergreifen, und die Stadt gegen denselben zu vertheidigen; die von dem Bischof im Jahre 1435 unternommene Belagerung der Stadt wurde glücklich abgeschlagen und die Stadt Ochsenfurt erstürmt, wobei vorzüglich die Tapferkeit der Würzburger Bürger gerühmt wird [1]).

In dem hierauf folgenden Hussitenkriege stellte der Rath sein Kontingent, und eine Urkunde von 1447 saget, daß der Rath die Conscribirten gemustert, sie in Pflicht genommen, und ihre Besoldung bestimmt habe. Im Jahre 1475 erließ der Bischof Rudolph an den Rath eine Verordnung, worin er sagt, daß er auf Befehl des Kaisers eine Mannschaft zu Roß und zu Fuß zu stellen habe, und deßhalb mit den Grafen und der Ritterschaft fertig geworden sei, wornach die Stadt ein Kontingent von 90 Mann treffe, welche der Rath mit Eisenhüten, Panzern, Gollern, Harnisch und Geschoß versehen zu stellen habe. Wir sehen, daß hier der Bischof der Stadt als Landesherr das Kontingent vorschreibt, dem Rathe aber überläßt, die Anordnung zu dessen Stellung nach der bisherigen städtischen Militär=Verfassung zu treffen; und diese Einrichtung erhielt sich fort bis zum Bauernkriege, wo sich die Bürger im Jahre 1525 an die empörten Bauern anschlossen und den Bischof auf dem Frauenberge belagerten. Nachdem nun dieselben durch die Bundesstände des Bischofs besieget, die Stadt erobert und eingenommen wurde, mußten

---

[1]) Ibidem.

sogleich die Schlüssel zu den Thoren und Thürmen den Siegern ausgeliefert werden, worauf die Bürger entwaffnet, und viele Wagen mit Harnischen, Hacken und Hellebarten, Schwertern, Messern, Degen und anderen Gewehren auf das Schloß geführt und zur Bewachung der Stadt ein Fähnlein Fußknecht geworbener Soldaten in die Stadt gelegt wurde, womit die städtische Militär-Verfassung ihr Ende erreichte [1]).

Man sah aber bald ein, daß die geworbene Miliz sehr theuer, und der Bürger, welcher für seinen eigenen Heerd streitet, zur Vertheidigung der Stadt tauglicher sei, besonders, da der Hessische Einfall und andere Umtriebe der Reformation die Stadt bedrohten, daher schon Bischof Konrad im Jahre 1536 an den Rath eine Verordnung erließ, worin er befahl, die waffenfähige Mannschaft der Bürger mit Harnischen, Handrohren, Hellebarten, Spießen, Messern und Degen auszurüsten. Die Bürger hatten nun zwar wieder die Waffen in den Händen, und wurden wieder zum Streiten im Kriege verwendet, hatten aber noch keine Militär-Verfassung, welche erst später erfolgte. Der Bischof Friderich hatte inzwischen aus den Bürgern ein Schützen-Corps gebildet, und an dasselbe im Jahre 1570 eine Schützen-Ordnung erlassen: allein sein Nachfolger Julius vollendete das Werk, und gab dem Bürger-Militär eine neue Verfassung, welche in seiner an den Stadtrath im Jahre 1578 erlassenen Instruktion enthalten ist. Nach dieser bestand die Besatzung der Stadt aus 3 Fähnlein Fußknecht, jedes zu 400 Mann, und ein jedes Fähnlein war in 4 Klassen getheilt, nehmlich in Befehlsleute mit Feder-Spießen als Hauptmann, Lieutenant, Fähndrich, Feldwebel, Führer und gemeine Webel. — In Hackenschützen

---

[1]) MS. Chron. S. sub Conrado. E.

mit langen Rohren, mit Zunder, Pulverflaschen, Sturmhauben versehen, jedoch also, daß unter 100 Schützen ¼ Musquetirer sein sollen — In Lang-Spießern und in Helleparter, unter welchen auch Knebel-Spieß und Fäustlinge begriffen sein sollen.

Im Jahre 1654 wurde auf dem Reichstage zu Nürnberg beschlossen, daß ferner ein stehender Reichs- und Kreis-Soldat nach dem dortigen Anschlag von den Reichsständen unterhalten, und die Reichs-Festungen in guten Stand gesetzt werden sollten.

Das Würzburger Kontingent bestand aus geworbenen Soldaten, und die Stadtbefestigung, welche in Hinsicht auf die neu verbesserte Belagerungs-Kunst zu schwach befunden wurde, hatte der Bischof Joann Philipp von Neuem angelegt. Bei dieser neuen Einrichtung blieb aber die bürgerliche Militär-Verfassung unverändert; bezog sich aber nur lediglich auf die Stadt, um die allgemeine Sicherheit in derselben zu handhaben, daher die Wachen an den Hauptthoren zum Theile durch Bürger und zum Theile durch geworbene Miliz besetzt, die Wachen aber auf der noch übergebliebenen alten Stadt-Befestigung lediglich durch die Bürger versehen wurden, daher noch die Bürger-Wachen an dem Stephans-Thore, an dem Main- und Ochsenthore bekannt sind.

Auch hatte der Rath für die Oeffnung und Schließung der Hauptthore zu sorgen, wozu aus den Bürgern vom Rathe Thorschließer aufgestellt wurden, welche zu bestimmten Stunden die Thore zu öffnen und zu schließen hatten, die Schlüssel aber bei Kriegszeiten dem Stadt-Commandanten, sonst aber dem Stadthalter abzuliefern hatten [1]

---

[1] F. Mandat von 1688.

Nebst diesem hatte auch der Stadtrath das Recht, Thor=
schreiber oder Examinatoren an den Thoren aufzustellen,
welche nach den vorhandenen Instruktionen die fremden
Reisenden anhalten, ihre Pässe, ihr Geschäft und ihren
Aufenthalt in der Stadt untersuchen und aufzeichnen sollten;
die Verdächtigen aber mußten sogleich dem Stadt=Comman=
danten zur weiteren Untersuchung überliefert werden [1].

IV. Die Marktgerechtigkeit.

Diese Gerechtigkeit war immer nur ein Vorzug großer
Städte, welchen dieselben entweder schon bei ihrer Gründung
mit der Selbstständigkeit erhielten, oder späterhin durch
kaiserliche Begünstigung erlangten. Nach diesem konnten
nur die innerhalb der Stadtbann=Meile angesessenen Kauf=
leute und Handwerker ihre Waaren öffentlich feil haben und
Kauf=Kontrakte abschließen. Fremde Waaren konnten auch
zum Verkaufe eingeführt werden, mußten aber dem Stadt=
rathe angezeigt, und von selben eine Abgabe oder Marktgeld
entrichtet werden. Auch hatte dieser das Recht, die Aufsicht
über den Markt zu pflegen, die Ordnung zu unterhalten,
und die allenfalls entstehenden Streitigkeiten zu entscheiden.

Diese Gerechtsame hieß Justitiae Mercatorum, daher
K. Heinrich IV. in seiner Urkunde vom Jahre 1062, worin
er dem Orte Fürth das Marktrecht ertheilt, ausdrücklich sagt:
„Ita ut Mercatores ibidem negociantes finitimorum
„mercatorum scilicet ratisbonensium, herbipolensium
„et babebergensium justitiis utantur" [2].

Inzwischen war unter Markt und Messen ein großer
Unterschied. Der Markt war für das ganze Jahr, und

---

[1] F. Mandat v. 1683.
[2] Histor. diplom. Norimb. P. 54. I.

wurde wöchentlich an einigen Tagen abgehalten, die Messe aber nur auf dem Festtage des Heiligen, welcher in der Hauptkirche gefeiert wurde, und mußte besonders durch Kaiserliche Freiheitsbriefe ertheilt werden [1].

Mit dem Markt=Rechte war auch gemeiniglich das Recht zu münzen verbunden. K. Friderich II. soll den Städten die Freiheit ertheilt haben, auf ihren Märkten sich nur ihrer eigenen Münzen zu bedienen [2].

Wenigstens hatte der Stadtrath das Recht, diejenigen Geldsorten zu bestimmen, welche auf dem Markte in Gang gebracht und angenommen werden sollten.

Die Stadt Würzburg übte das Marktrecht seit den ältesten Zeiten, und dieses war wahrscheinlich schon in der ersten städtischen Verfassung gegründet, nach welcher die Gewerbe und Handelschaften Sicherheit halber in die ge=schlossenen Städte verlegt wurden [3].

Fries und andere würzb. Chroniken sagen, daß der Bischof Mainhard von dem Kaiser Heinrich II. das Zoll=, Münz= und Marktrecht laut Urkunde von 1030 erhalten habe; allein in Betreff des Marktrechtes ist der wahre Sinn der=selben weiter Nichts als eine Bewilligung für die Stadt, eine allgemeine Messe auf den 24. August abzuhalten, welche in der Folge auf das Fest S. Kilian verlegt worden ist.

Damals hatte schon die Stadt zwei feierliche Messen, auf Mitfasten und Michaelis hergebracht, deren Ursprung nicht bekannt ist [4], und im Jahre 1227 erhielt auch noch

---

[1] S. W. Oetter's dritter Versuch einer Geschichte der H. Burg=grafen zu Nürnberg. Onolzbach. 1758. S. 34.

[2] Hist. diplom. Norimb. P. 54. I.

[3] Hist. diplom. Norimb. P. 24. 51. I.

[4] Fries ibid.

der Bischof Hermann für die Stadt von dem König Heinrich VII. eine feierliche Messe auf das Fest Allerheiligen ¹).

Auf diesen Messen übte die Stadt ihr Marktrecht, aber die Bischöfe gaben sich nicht mit Handels=Geschäften ab, hatten aber dabei mittelbar beträchtliche Vortheile, indem bei dem Andrange der vielen Käufer und Verkäufer die Geleits= und Zollabgaben beträchtlich erhöht wurden, und das Miethgeld für die zur Aufstellung der Buden im Kreuzgange und anderen zum Dome gehörigen Plätzen sehr viel eintrug, und überhaupt der häufige Umlauf des Geldes, sowie die Wohlhabenheit der Stadtbewohner den Bischöfen zum besondern Nutzen gereichte.

In welchem Ansehen und welcher Aufnahme in jenen Zeiten die Kaufmannschaft in Würzburg gestanden, erhellet aus dem Vertrage, welchen dieselbe im Jahre 1187 mit dem Bischofe Gotfried abschloß. Der Bischof wollte den Kaiser Friderich I. in seinem Kreuzzuge begleiten, wozu er einer ansehnlichen Summe Geldes bedurfte; er entnahm von der hiesigen Kaufmannschaft 110 Mark Silbers, wofür er derselben den Genuß seines Wasserzolls bis zur Tilgung des Kapitals überließ, und die Erlaubniß ertheilte, die früher an dem Maine gestandenen Kaufmanns=Buden auf dem Markte aufzustellen ²).

Ueberhaupt wurde das Marktrecht der Stadt immer bedeutender, je mehr der Handelsstand aufblühte, und im Gewerbe mehr Thätigkeit herrschte. Der Hauptzug des Handels ging nach Frankfurt, Mainz bis an den Rhein, wohin meistens Weine und andere Waaren ausgeführt, und fremde dagegen eingeführt wurden. Auf dieser ganzen

---

¹) Ibid. sub Hermann.
²) Herbip. hist.-jurid. Auct. Schöll.

Straße durch das Wertheimische, Frankfurtische und Mainzische Gebiet war den Würzburgischen Handelsleuten sicheres Geleit und Zoll=Freiheit zugesichert; dagegen hatten dieselben jährlich an das Handels=Haus zu Mainz einen Becher Pfeffer, Handschuhe und Kerbholz abzuliefern.

Nebst diesem hatte die Stadt das Vorrecht, daß in einem Umfange von 3 Meilen um die Stadt kein Markt angelegt werden sollte [1]).

Ob nun auch der Rath, wie andere Städte, das Recht zu münzen gehabt habe, findet sich zwar keine Spur vor; vielleicht hat das noch übliche Recht Goldmünzen zu schlagen, von daher seinen Ursprung. Jedoch hatte der Rath das Recht, die auf dem Markte in Umlauf zu bringenden Münzsorten zu bestimmen, und selbst die Bischöfe hingen in Ausübung ihres Münzrechtes von dieser Bestimmung des Rathes ab. Schon unter dem Bischofe Iringus verschlug der Rath die von demselben ausgeprägten Münzen, und diese konnten erst nach dem mit der Stadt im Jahre 1261 abgeschlossenen Vertrage in Umlauf gebracht werden. Sogar die Münzen des Kaisers Rudolph verschlug der Rath [2]).

In der Folge hatten die Bischöfe, so oft eine neue Münze geschlagen werden sollte, den Stadtrath zur Beistimmung aufgefordert. In dem Rathsprotokoll von 1453 Pag. 15 stehet: „Auf diesen Rath ist der Schultheiß vor „dem Rath gewesen, und man hat geredt von der Münz. „Item auf diesen Tag hat Man geredet, ob Man eine „neüe Münze machen wolle, daß Man dem Schultheisen „darauf eine Antwort geben möge: also hat Man Beschlossen,

---

[1]) Raths=Arch. Acta. M. 8. I.
[2]) Fries sub Mangoldo. Chr. MS. S. sub Iring. Spangenberg l. c. Pg. 124.

„daß Man meinen Herrn bitten solle, daß Er die neüe Münz
„anstehen solle lassen durch gemeines Nuz willen, und die
„Münz izund also gehen wolle Lassen, doch daß die Bam=
„berger nicht genommen werden. Actum feria 3tia post
„Bonifacii."

Merkwürdiger ist das Protokoll von 1485 actum Sabbatho post Pentecosten, wo es heißt:

„Durch Befehl unseres gnädigen Herrn von Würz=
„burg kamen für den Rath Graf Jörg von Henne=
„berg, der Abt zu S. Stephan, H. Jörg von Beben=
„burg und H. Jörg Fischle, und Brachten an, daß,
„Nachdem um gemeines Nuzs Willen das Kapitel
„durch die Ritterschaft und Prälaten beschlossen und
„Bedacht seye, eine neüe Münze zu schlagen, sey
„unseres Herrn auch des Kapitels und der Ritter=
„schaft Begehren und Bete, daß sich der Rath unter=
„winden wolle die Münz zu handhaben und aufsehen
„und also zu behalten auf sich nehmen wolle. —
„Hierauf wurde beschlossen, daß Man zu den gnädigen
„Herrn schicken wolle, daß Er auch Komme oder
„schicke um die Maaß und Norm der Münz zu unter=
„suchen und zu Bescheiden. etc."

Diese Zusammenkunft kam wirklich zu Stande, worauf der Rath die Bischöfliche Münz auf 5 Jahre übernommen, den Münzmeister mit seinen Gehülfen zu Pflicht genommen, und die zu prägenden Münzsorten also bestimmte, daß bei der Fertigung neuer Pfenning 37 auf 1 Loth, und 7 Loth auf die Mark zu schlagen seien.

Diesen Einfluß auf den Umlauf der Münzen übte der Rath bis zur gänzlichen Auflösung der städtischen Verfassung nach dem Bauernkriege, nach welchem keine Spur hievon mehr vorkommt.

Die Messen und Märkte kamen aber nach diesem Unfalle wieder in vorige Ordnung und der Wohlstand der Stadt erholte sich sehr bald dergestalt, daß die Stadt dem Bischofe Melchior schon im Jahre 1553 zu dem Markgräflichen Kriege 10,000 fl. vorzuschießen im Stande war, und im Jahre 1563 bei dem Grumbach'schen Einfalle die angesetzte Brandsteuer à 10,000 Rthlr. innerhalb drei Tagen baar erlegen konnte [1]).

Unter der 43jährigen Regierung des Bischofs Julius wurde der Gewerbfleiß und der Handel der Stadt besonders befördert. Im Jahre 1580 wurde von dem Rathe der Kranig an dem Main erbauet, wozu Sigismund Fuchs von Wonfurt 300 fl. vermacht hatte [2]), und im Jahre 1586 wurde von dem Bischofe Julius eine ordnungsmäßige Fahrt der bisher im Gange gewesenen Marktschiffe von Ochsenfurt, Karlstadt und Würzburg angeordnet [3]), und dieser Wohlstand erhielt sich bis zu dem schwedischen Einfalle.

V. Die freie Verwaltung des städtischen Einkommens.

Worin dieses in den älteren Zeiten bestanden habe, läßt sich aus Abgang eines Verzeichnisses hievon nicht genau bestimmen. Nur die Gefälle, welche sich durch das Herkommen bis auf die jüngsten Zeiten erhielten, können hier in Erwähnung gebracht werden, wobei zugleich die dem Rathe zukommende Verwaltung, und die nach und nach eintretenden Beschränkungen angezeigt werden.

---

[1]) Urk. von 1552. Deßgl. von 1569.
[2]) Acta dieses Vermächtnisses im Raths-Archiv.
[3]) Urkunde von 1586.

1) Die Zollgerechtigkeit ist nicht nur nach den allgemeinen Rechten L. 10. Cod. de Vectigalibus, sondern selbst nach der alten deutschen Reichs-Verfassung denjenigen zuerkannt, welchen die Pflicht, Wege und Stege zu unterhalten, oblag. In dem Landfrieden des Kaiser Albert I. von 1268 sagt die siebente Satzung: „Alle, die zoll nehmen „auf Wasser und Land, die sollen Fried auf denen Weegen und „Steegen und denen Brücken erhalten, und die besseren, „machen und zimmern, und von denen sie zoll nehmen, die „sollen Sie geleiten mit ihrer Macht, als hoch Sie können."

Da nun die Stadt auf ihrem Gebiete Wege und Wasserbauten zu unterhalten hatte, so gebührte ihr auch von Rechtswegen der Zoll hievon.

Aus diesem Landfrieden ergibt sich nun ferner, daß nach der älteren Reichsverfassung das Geleitsrecht und der Zoll untrennbar verbunden waren, so, daß von jenem auf diesen ein gültiger Schluß gemacht werden konnte. Nun hat die Stadt das Geleitsrecht seit den ältesten Zeiten frei und unabhängig ausgeübt. Schon aus dem mit dem Bischofe Iringus getroffenen Vergleiche von 1261 ersieht man, daß der Rath die Juden, welche kein städtisches Geleit hatten, gefangen und gestraft habe, ungeachtet dieselben das Geleite von dem Bischofe hatten [1]).

Im Jahre 1337 ertheilte der Rath den Juden einen sehr feierlichen Geleitsbrief, wovon die sehr merkwürdige Urkunde angeführt ist in des Archivars A. S. Stumpf's Denkwürdigkeiten 1. Heft S. 143, und im Jahre 1461 wurde der Rath von Johann Weißschneider bei dem westphälischen Gerichte wegen ertheiltem und nicht gehaltenem Geleite verklagt.

---

1) Chron. MS. r. sub Iringo.

Der Zoll auf den offenen Landstraßen war ein kaiserliches Regale, welches schon Kaiser Heinrich I. dem Würzburger Bischof Dietho geschenkt haben soll ¹).

Diese verschiedenen Zollarten gaben manchmal zu Streitigkeiten Anlaß. Der Bischof Gerhard hatte selbst mit Begünstigung Kaiser Karl IV. einen Zoll in der Stadt angelegt; nachdem aber sich die Bürger mit gewaffneter Hand widersetzten, wurde dieser Zoll in dem darauf geschlossenen Vertrage von 1374 wieder abgestellt, und da Johann II. in seiner Geldverlegenheit einen Zoll an dem Sandertore errichtete, um die seinem Metzger schuldigen 1000 fl. dadurch zu berichtigen, wurde dieser noch in dem nemlichen Jahre wieder zurückgenommen ²).

Nun wurde zwar in der Folge der Stadt die Geleits-Gerechtigkeit als ein der Landeshoheit anhangendes Recht von den Bischöfen als Landesherrn abgenommen; aber die Zollgerechtigkeit wurde der Stadt nicht widersprochen, und selbst von den Bischöfen anerkannt, daher der Bischof Franz in einer an den Stadtrath erlassenen Verordnung von 1636 sagt: „daß sich die von dem Stadtrathe aufgestellten Zöllner „an Wasser und an denen Thoren Misbräuche erlaubten, „welche der Rath abzustellen habe". In den im Jahre 1666 verfertigten Tarif heißt es:

„zu wissen, daß Alles, was auf dem Mayn Bey—
„und abgeführet wird.... vermöge alten Herkom-
„mens und allhiesiger Stadt Recht und Gerechtigkeit
„sich bey der gewöhnlichen Zoll-Stadt eines ehrbaren
„Raths anzumelden habe".

---

¹) Degg Korogr. S. 700.
²) Chron. MS. r. sub Gerh. et Joan. III.

2) **Umgeld.** Diese Umlage besteht eigentlich in einem Aufschlage auf Getränke und ist schon seit den ältesten Zeiten in den Städten Deutschlands in Uebung [1]).

In der hiesigen Stadt bestand das Umgeld in einem Aufschlage auf Wein; denn Bier und süße oder fremde Weine zu verkaufen, hatte nur der Rath selbst das ausschließliche Recht [2]).

Nun hatten auch die Bischöfe Gerhard und Johann I. nach Fries's Chronik das Recht, ein Umgeld auf die Stadt zu schlagen, durch Kaiserliche Begünstigung erhalten; dadurch aber geschah dem städtischen Umgelde kein Abbruch. Der Bischof Johann I. scheint sich hierüber mit der Stadt verglichen haben, da in dem Raths-Protokolle von 1410 eine bischöfliche Verordnung angezeigt ist, nach welcher diese Anlage in 7 Theile getheilt, und also 3 Theile dem Bischofe, ein Theil dem Kapitel, und 3 Theile dem Rathe zukommen sollen, wobei jedoch vorzüglich zu bemerken ist, daß das dem Bischofe Johann I. von dem Kaiser Wenzel im Jahre 1407 ertheilte Privilegium, das Umgeld auf Wein und Getreid also erlassen worden sei, daß auf 3 Jahre von 1 Fuder Weins 1 fl. und von 1 Mlt. Getreid ein großer Turnos genommen werden solle [3]).

Nach Verlauf dieser 3 Jahre scheint das städtische Umgeld abermal in einem Aufschlage auf Wein einzig bestanden zu haben, und der Rath blieb ungestört im Besitze, welchen auch selbst die Bischöfe anerkannten. Da der Bischof Fridrich mit Bewilligung der Landstände auf das ganze Land ein ständiges Umgeld ausschrieb, blieb das Umgeld der

---

[1]) Hist. dipl. Norimb. Pg. 86 u. 377.
[2]) Fies-Formul des Wein-Ausschenkers v. 14. Jahrh.
[3]) Fries l. c.

Stadt in seinem Gange, und der Bischof Julius, der im Jahre 1574 über die Erhebung desselben eine Verordnung erließ, sagt darin ausdrücklich, wie folgt:

„Nachdem etliche unseres Stiffts Städte mit alten „hergebracht, daß Sie etwa ein gering Uemgeld von „dem ausgeschenkten Wein, oder doch einen Antheil „daran für sich aufgehebt, und zu ihrem gemeinen „Nuzen und Nothburft angewendet haben; so soll „denenjenigen Städten solch alt Umgeld zur Besserung „gemeinen Rechten folgen und Bleiben."

Dieses Umgeld blieb also im Gange bis nach dem Schwedenkriege, wo die Reichsstände anfingen, zur Bezahlung ihrer beträchtlichen Schulden den sonst in Holland allein bekannten Accise einzuführen, welcher in einer Auflage auf alle Consumtibilien bestund [1]).

Diese Auflage führte auch der Bischof Franz in seinem Hochstifte ein, und erließ hierüber im Jahre 1635 eine Verordnung und Instruktion, nach welcher das Umgeld von dem Accise verschlungen, dem Stadtrathe aber zur Entschädigung $1/3$ des Stadtaccises überlassen worden ist.

3) **Steuer.** Das Steuer=Recht hatte ebenso wie die andern freien Städte, auch die Stadt Würzburg von alten Zeiten hergebracht: So oft nemlich die Stadt in einen Unglücks= oder Nothfall verfiel, hatte der Rath die freie Gewalt, auf seine Insassen eine Steuer zu legen, und solche nach Gutdünken auf Köpfe oder Güter zu schlagen. Und da in der Folge wegen der unruhigen Zeiten die Noth

---

[1]) J. B. Mayer Versuch einer Abhandlung über Steuer und Abgaben im allgemeinen, dann vorzüglich im Hochstifte Bamberg. Bamberg. 1795. VI. Abschn. S. 74.

anbauerte, wurde diese Steuer eine ständige Abgabe und auf Güter und Gewerbe geschlagen.

Dieses Steuerrecht wurde zuerst von dem Bischofe Albert im Jahre 1357 in Anspruch genommen. Er sagt in einer an den Rath erlassenen Verordnung:

"daz Ir Kein Bete oder Steuer setzt oder Gelt
"sammet oder nempt von Eüch, Armen oder Richen
"undereinander oder von einander weder von Lip
"noch von Gut...."

Worauf der Rath geantwortet hat:

"daz hetten unser Altvodern und Wir alleweg mit
"Gewohnheit herbrecht, und ist Niemand so alt, der
"das fürdenke. Wan die Stadt in Schulden waz,
"Man setzt eine Steuer, und Wer sich des widerte,
"den pfandt Man darum, als haben Wir's alleweg
"herbrecht By anderen unseren Herrn, und auch by
"Im." [1])

Da des Bischofs lange andauernden Strittigkeiten mit der Stadt von Kaiser Karl IV. zu Dachau im Jahre 1357 durch einen Vergleich beigelegt wurden [2]), hat man über den strittigen Steuer=Punkt gegen die Stadt nichts entschieden, vielmehr fuhr dieselbe fort, ihr Besteuerungs=Recht, wie früher, auszuüben. Jedoch ist es sehr wahrscheinlich, daß man mit dem Bischofe damals übereingekommen sei, demselben künftighin einen Antheil dieser Stadt=Steuer zu entrichten, indem schon dessen Nachfolger Gerhard im Jahre 1396 seinen Antheil hievon der Stadt auf 5 Jahre erlassen hat [3]).

---

[1]) MS. Archiv. de eod.
[2]) Chron. MS. r.
[3]) Urkunde des Städt. Archivs de eodem.

Dagegen hat der Bischof Rudolph im Jahre 1486 den Jakob Heimburger zur Bezahlung des ihm schuldigen Kapitals auf seinen Antheil an der Stadt-Steuer angewiesen [1]), welche Anweisungen auch von folgenden Bischöfen vorkommen. Wie hoch sich nun dieser Antheil des Bischofs belaufen habe, findet man in einigen Steuer-Rechnungen bemerkt. In der Steuerrechnung von 1436 heißt es: „$1/4$ der Steuer gebührt dem Bischofe"; und die 1479er Rechnung sagt: „daß die Summe des allgemeinen Einnehmens der Steuer „2788 fl. 10 bl. betragen habe, davon gebühren unseren „gnädigen Herrn zu seinem 4. Theile 697 fl. 2 bl."

Nun sind in diesem Zeitraume auch die Reichssteuern an die Tagesordnung gekommen, wozu der ausgebrochene Hussitenkrieg Anlaß gab. In dem zweiten Abschiede zu Nürnberg von 1431 wurde eine Steuer nach dem gemeinen Pfennig auszuschreiben beschlossen. Die Stadt Würzburg stellte ihr Kontingent nicht an Geld, sondern an Mannschaft: der Rath conscribirte die jungen Bürger, denen wöchentlich $1/2$ fl. als Sold bestimmt wurde; auch wurden einige Söldner gegen 5 ℔ wöchentlich gebungen [2]).

Zur Bestreitung dieser Unkosten wurde von dem Rathe nebst der gewöhnlichen Stadtsteuer eine besondere für diesen Fall ausgeschrieben.

Diese Besteuerungsart der Stadt blieb in ihrem Gange bis zum Jahre 1566, wo der Kaiser Maximilian II. wegen der Türkenhilfe eine Reichssteuer nach den Römer-Monaten ausschrieb, welche an Geld bezahlt werden mußte; der Bischof Friderich schrieb daher einen Landtag aus, in welchem das von jedem Stande zu liefernde Steuer-Quantum fest-

---

[1]) Urkunde d. St. Arch. de eodem.
[2]) Urkunde von 1447.

gesetzt und eine Landtags-Kasse errichtet wurde, an welche die Beiträge einzuliefern waren. Die Stadt Würzburg schlug diese Steuer auf ihre Insassen aus, sammelte die Beiträge und lieferte solche an die Landtags-Kasse; die gemeine Stadt-Steuer aber hatte ihren Gang wie vorher, und floß in die Kämmerei, wie aus den Rechnungen zu ersehen ist.

Bisher waren alle Reichssteuern nur für gewisse Nothfälle angelegt; nun aber wurde eine bestehende Steuer aufgebracht, welche den Namen „Schatzung" erhielt. Den Reichsständen wurde nemlich in dem Reichs-Abschiede von 1654 die Auflage gemacht, ihre Festungen in den verbesserten Vertheidigungsstand zu setzen, und eine stehende Reichsarmee zu unterhalten, wozu alle Unterthanen jeden Standes beizutragen, ausdrücklich verbunden wurden.

Die Bischöfe Johann Philipp und Johann Gottfrid, unter welchen eigentlich der Festungsbau und die Stellung der Contingents-Mannschaft zu Stande kam, suchten auch mit allem Eifer, die Schatzung in regelmäßigen Gang zu bringen. Da die Steuer ein Eigenthum der Stadt war, so wurde wegen Einführung der Schatzung eine Commission ernannt, um mit dem Stadtrathe hierüber zu verhandeln. Aus den vorhandenen Akten geht hervor, daß dem Rath der Antrag gemacht worden sei, die Stadtsteuer in die Schatzung übergehen zu lassen, derselbe hat aber durch einen sehr gründlichen Bericht den daraus entspringenden Nachtheil und dessen Unförmlichkeit bewiesen, und die Steuer blieb, wie vorher, von der Schatzung getrennt und ein Eigenthum der Stadt.

4) **Die übrigen Zweige** des städtischen Einkommens werden hier nur in Kürze erwähnt, da sie von der Landeshoheit nie bestritten worden sind, als:

a. Die Lehenschaften und die davon abfallenden Zinsen und Handlöhne, welche theils aus den von dem Rathe an einzelne Bürger zu Lehen überlassenen Gemeindegütern, theils aus den von einigen Bürgern dem Rathe zu Lehen überlassenen, frei eigenen Gütern bestanden. Das älteste Zinsbuch ist von 1300, worin die Anzahl der Lehen schon sehr bedeutend war, und in der Folge einen großen Zuwachs erhalten hat.

b. Das Marktgeld, welches zur Zeit, als der Handel in der Stadt aufblühte, sehr einträglich gewesen sein muß, da in einer Rechnung von 1409 hievon 3704 fl. 6 bl. in Einnahme sind; und das Stadt=Protokoll von 1486 sagt: „Actum den Montag nach Andreas ist Stettgeld gefallen „zu Mitfasten und Michaelis=Meß nächst vergangen Summe „55 ℔ iij d."

c. Das Bürgergeld für ertheiltes Bürgerrecht, welches in früheren Zeiten 5 fl. betragen hat, in der Folge aber nach und nach mehr erhöht worden ist.

d. Die zum Leibgedinge angelegten Kapitalien, wovon die Schuldbriefe in Abschriften von 1371 bis auf die letzten Zeiten vorhanden sind.

e. Der Ertrag von liegenden Grundstücken, welche zum Theile in Miethe oder Pacht gegeben waren, oder deren Anbauung und Einärntung zum Theile vom Rathe selbst besorgt worden ist. Unter diesen Grundstücken sind verschiedene angekaufte Höfe in der Stadt, von welchen folgende wegen ihrer Verwendung zu bemerken sind: Im Jahre 1316 kaufte der Rath von Kunzen von Rebstock den Hof zum Grafeneckart genannt, nebst einigen Häusern um 400 ℔ Heller, welcher zum Rathhause verwendet wurde [1]).

---

[1]) Chr. MS. S. sub Gotfrido.

Nach einigen Jahren, um das Jahr 1408 wurde auch der Methhof und der Hof zum grünen Baum angekauft und das Rathhaus erweitert [1]).

Von dem Orte aber, wo der Rath früher seine Sitzungen gehalten hat, findet man keine Spur.

Hiezu können auch noch die öffentlichen Gebäude, als Badhäuser, Fleischbänke, Kornhäuser und Viertelhöfe gerechnet werden, wozu der Rath verschiedene Grundstücke ankaufte.

VI. Freie Bestellung der zur Besorgung des Gemeinde-Wohls erforderlichen Aemter.

a. Der Rath.

Den Zeitpunkt, in welchem der Rath angeordnet worden ist, hat uns das Alter vorenthalten; vermuthlich erstreckt sich dieser bis auf die ältesten Zeiten der städtischen Verfassung. Die Bürger wählten den Rath, dieser den Bürgermeister und die abgehenden Mitglieder. Die Bürgerschaft war in die hohe und niedere getheilt [2]).

Die hohe bestand aus Gutsbesitzern, angesiedeltem Adel und der Kaufmannschaft; diese aber aus Handwerkern und Beisassen; nur Jene konnten wählen und gewählet werden. Nachdem aber die Handwerker sich durch ihre Industrie und Gewerbethätigkeit später eine gleiche Achtung, wie Jene erwarben, und daher auf die Wahlbarkeit Anspruch machten [3]), wurden auch diese zugelassen, einen Rath zu wählen, daher seit dem 14. Jahrhundert der Ausdruck in den Urkunden

---

[1]) Urk. de eodem.
[2]) Runde Grundsätze des gemeinen deutschen Privatrechts. S. 338.
[3]) Schmidt Gesch. d. Teutschen. V. Band. XIII. Kap.

vorkommt: „Wir Burgermeister, der alte und neue Rath, arme und Reiche rc. ¹).

Auf diese Wahlen hatten die Bischöfe keinen Einfluß bis zu dem Jahre 1260, in welchem sich der Bischof Iringus in einem mit der gemeinen Stadt nach beigelegter Fehde abgeschlossenem Vertrage bedungen hat, künftighin Keinen in den Rath ohne Bewilligung des Bischofs aufzunehmen ²). Diese Wahlform erhielt sich bis zu der Regierung des Bischofs Gerhard und der unglücklichen Schlacht zu Bergtheim im Jahre 1400, wo der größte Theil der Bürger auf dem Schlachtfelde blieb, und die Stadt sich dem Bischofe auf Gnade und Ungnade ergeben mußte. Der Bischof war nun als Sieger Herr der Stadt, und die städtische Verfassung als aufgehoben zu betrachten. Er nahm zwar schon am zweiten Tage die noch übrigen Bürger wieder zu Gnaden auf, wahrscheinlich aber hat er der Stadt keine neue Verfassung gegeben, indem er schon damals sehr schwach war und nach einigen Monaten starb, sondern dieses seinem Nachfolger Johann I. überlassen. Was nun im Betreffe der Raths-Wahlen angeordnet worden ist, ist in den von den nachfolgenden Bischöfen bei ihrem Regierungsantritte geschwornen Kapitulationen deutlich enthalten. Vorzüglich sagt hievon der Bischof Gotfried in seiner Kapitulation von 1444: „Item daß Ich und mein Kapitel zum Domm „in unserer Stadt Würzburg iz und vier und zwanzig und „nicht mehr redlicher, unverläumter, geschworner Bürgern „zu einen Rath sezen solle, und so oft Ihr Einer von „Todtswegen abgehe oder dem Rathe entsaget, oder um

---

¹) Eine solche Urkunde findet sich in Stumpf's Denkwürdigkeiten. S. 143. Urk. v. 1337.
²) Spangenberg. Henneb. Kronik. S. 124.

„Verschuldten Sachen von Uns beeden theilen daraus gesezt „würde, daß alsden die Uebrigen des Raths eine Anzahl „geschworner Bürger benennen, Mir und dem genannten „meinen Kapitel innerhalb 14 Tägen, nach dem solch gebrech „oder Abgang geschehen wäre; alsdan soll Ich und mein „Kapitel in den nächsten 14 Tägen darnach aus solchen „Persohnen die zahl der vier und zwanzigen erfüllen ohn „gefehrde. Den soll der Rath auch alle Jahre aus Ihnen „selbst umb S. Martins Tag ohngefehrlich zwei Burgermeister „auf den Eyd Kiesen und wählen, die alsden sollen Mir „und meinen Kapitel auf S. Martins-Tag, acht Tag vor „oder hernach ohngefehrlich den Eid schwören" [1]).

Diese Verfassung erhielt sich bis zum Jahre 1525, wo sich die Bürger der Stadt den empörten Bauern gegen den Bischof anschlossen, und von diesem besiegt sich auf Gnade und Ungnade ergeben mußten, wodurch die damalige städtische Verfassung abermal gänzlich zerfiel. Nachdem aber der Bischof im Jahre 1526 die Bürger wieder zu Gnade aufnahm, wurde auch eine Verfassung angeordnet, nach welcher ein Stadtschultheiß für die Rechtspflege und 24 aus den Bürgern zu Rathsgliedern aufgestellt wurden, worunter der Erste Bürgermeister war. Der Bürgermeister wurde jährlich, und so auch die abgehenden Rathsglieder von dem Bischofe ernannt, mußten aber demselben und dem Kapitel den vorgeschriebenen Eid ablegen [2]).

Nach dem Tode des Bischofs Konrad um das Jahr 1540 wurde dem Stadtrathe überlassen, den Bürgermeister zu wählen, denselben aber von dem Bischofe und Kapitel nach abgelegtem Eide bestätigen zu lassen, bei dem Abgange

---

[1]) Urkunde des Arch. v. 1144.
[2]) Acta des städt. Archivs.

eines Rathsgliedes aber sechs Bürger in Vorschlag zu bringen, aus welchen der Eintretende von dem Bischofe und Kapitel ernannt wurde ¹).

Im Jahre 1599 erlies Bischof Julius eine neue Rathsordnung, in welche jene des Bischofs Konrad wörtlich eingeschaltet und bestätigt wird mit dem Zusatze, daß ferner 2 Bürgermeister dem Rathe vorsitzen, und der Stadt-Schultheiß als Rechtskundiger den Rathssitzungen beiwohnen solle. Er schrieb die Eidesformeln vor, welche der Bürgermeister, die Rathsglieder, und alle, von dem Rathe abhängigen höheren und niederen Beamten bei ihrer Anstellung zu leisten hatten ²).

Aus diesem läßt sich nun der ganze Umfang des Geschäftskreises des Raths entnehmen. Derselbe war:

b. in 4 Aemter getheilet, welche von den hiezu aufgestellten Rathsgliedern versehen wurden, als nemlich das Stubenamt zur Verwaltung des Rathsvermögens an Wein, Getreid, Kapitalien und Mobilien, das Kasten=Amt, welches für die Unterhaltung der Stadt mit Getreid und Brod zu sorgen hatte, das Bau=Amt, welches die Gebäulichkeiten überhaupt in der Stadt leiten und ordnen, das Zins=Amt, welches die Lehenschaften, Zinsen und Handlöhne der gemeinen Stadt verrechnen und verwalten sollte.

Hiezu kamen noch die bedeutenden Pflegen frommer Stiftungen, welche von wohlthätigen Bürgern errichtet wurden, worunter die Dom=Pfarrei, das Bürgerspital und die Kapelle auf dem Judenplatze die ältesten und beträchtlichsten sind.

---

¹) Ibidem.
²) Urkunde v. 1599.

c. Die von dem Rathe aufgestellten Unterämter waren das **Steuer-**, das **Zoll- und Umgeld** und das **Schoß-Amt**, unter welche auch noch die **Viertelmeister** gezählt werden können, welche die Landes- und Polizeigesetze in ihren Vierteln in Vollzug zu bringen, die bürgerlichen Anlagen zu sammeln, und über die Beschädigungen an öffentlichen Gebäuden, Gemeindewegen, Grenzen und Landwehren zu wachen hatten. Denselben war ein Viertelschreiber und Diener beigegeben [1]).

Die später eingetretenen Veränderungen in diesen Aemtern liegen außer dem Kreise dieser Beschreibung.

VII. Die freie Macht das Bürgerrecht zu ertheilen und dessen Verlust zu erklären.

Diese Freiheit wurde dem Rathe in den älteren Zeiten nicht widersprochen. Man sieht dieses in einem alten Gerichtsbuche, vermuthlich vom 14. Jahrhunderte, worin die vielen dem Rathe geschwornen Urpheden enthalten sind, welche die wegen Verbrechen aus der Stadt vertriebenen Bürger abgeschworen hatten ohne eine Meldung einer höhern Behörde. Aber auch diese Freiheit erhielt schon durch den Vertrag des Bischofs Otto II. mit der Stadt von 1344 eine Beschränkung. Es heißt darin: „Wer auch Bürger wäre „zu Würzburg, der soll hulden und schwören dem Bischofe „zu Würzburg, und Ihm davon fünf Schilling Heller geben, „als von alter her kommen ist ohne Gefährde. Man soll „Niemand zu einem Burger empfahen, der ein Pfaff ist, „oder geurtheilt, oder in der Acht ist ohne eines Bischofs „Laube" [2]).

---

[1]) Urk. v. 1599. Instruction der Viertel-Meister.
[2]) Chron. MS. rub.

Außer diesen fuhr der Stadtrath fort, sein freies Recht in der Aufnahme zum Bürgerrecht in Ausübung zu bringen bis zum 16. Jahrhunderte, wo die neue Verfassung des Bischofs Konrad den Stadtrath auch für diesen Fall den landesherrlichen Gesetzen unterwarf; daher der Bischof Julius im Jahre 1587 eine Verordnung wegen der künftigen Aufnahme neuer Bürger an den Stadtrath erließ [1]), worin dem Stadtrathe vorgeschrieben ist, welche Bedingnisse und welche Eigenschaften der anzunehmenden neuen Bürger zu berücksichtigen seien.

VIII.

Man übergeht hier die übrigen Vorzüge, welche die Stadt in ihrem früheren Stande der Unabhängigkeit genossen hat, als:

1. **das Recht, ein eigenes Siegel zu führen**, welches nach der Art der anderen freien Städte in einer Burg mit zwei Thürmen bestand; dieses Siegel wurde von dem Rathe im Jahre 1410 wegen Verdacht eines Mißbrauchs also verändert, daß zwischen den zwei Thürmen ein sechszinkiger Stern angebracht worden ist [2]).

2. **Das Recht, mit anderen freien Städten Bündnisse zu schließen**, wovon das Bündniß mit Nürnberg, Windsheim und Rothenburg unter dem Bischofe Gerhard ein Beweis ist [3]).

3. Ist bereits in Vorstehendem erwähnet worden, welchen bedeutenden Antheil die Stadt an der Vollziehung des im

---

[1]) Urkund. v. 1587.
[2]) Chron. MS. Schw. sub Joann.
[3]) Ibid. r.

Jahre 1336 für Franken errichteten Landfriedens als Mit=Stand genommen habe.

Allein alle diese Freiheiten gingen durch die Unter=jochung der Stadt nach dem Bauernkriege zu Grabe.

Aus diesen gehet hervor, daß von allen hier eben be=schriebenen Gerechtsamen der Stadt nur noch einige Funken unter der Asche klimmten, welche die Landeshoheit nicht ganz zu unterdrücken für gut befunden hatte.